# © Copyright 2021 - All rights reserved.

You may not reproduce, duplicate or send the contents of this book without direct written permission from the author. You cannot hereby despite any circumstance blame the publisher or hold him or her to legal responsibility for any reparation, compensations, or monetary forfeiture owing to the information included herein, either in a direct or an indirect way.

Legal Notice: This book has copyright protection. You can use the book for personal purpose. You should not sell, use, alter, distribute, quote, take excerpts or paraphrase in part or whole the material contained in this book without obtaining the permission of the author first.

Disclaimer Notice: You must take note that the information in this document is for casual reading and entertainment purposes only. We have made every attempt to provide accurate, up to date and reliable information. We do not express or imply guarantees of any kind. The persons who read admit that the writer is not occupied in giving legal, financial, medical or other advice. We put this book content by sourcing various places.

Please consult a licensed professional before you try any techniques shown in this book. By going through this document, the book lover comes to an agreement that under no situation is the author accountable for any forfeiture, direct or indirect, which they may incur because of the use of material contained in this document, including, but not limited to, — errors, omissions, or inaccuracies.

# Level 1
# Simple Mazes

# Maze 1

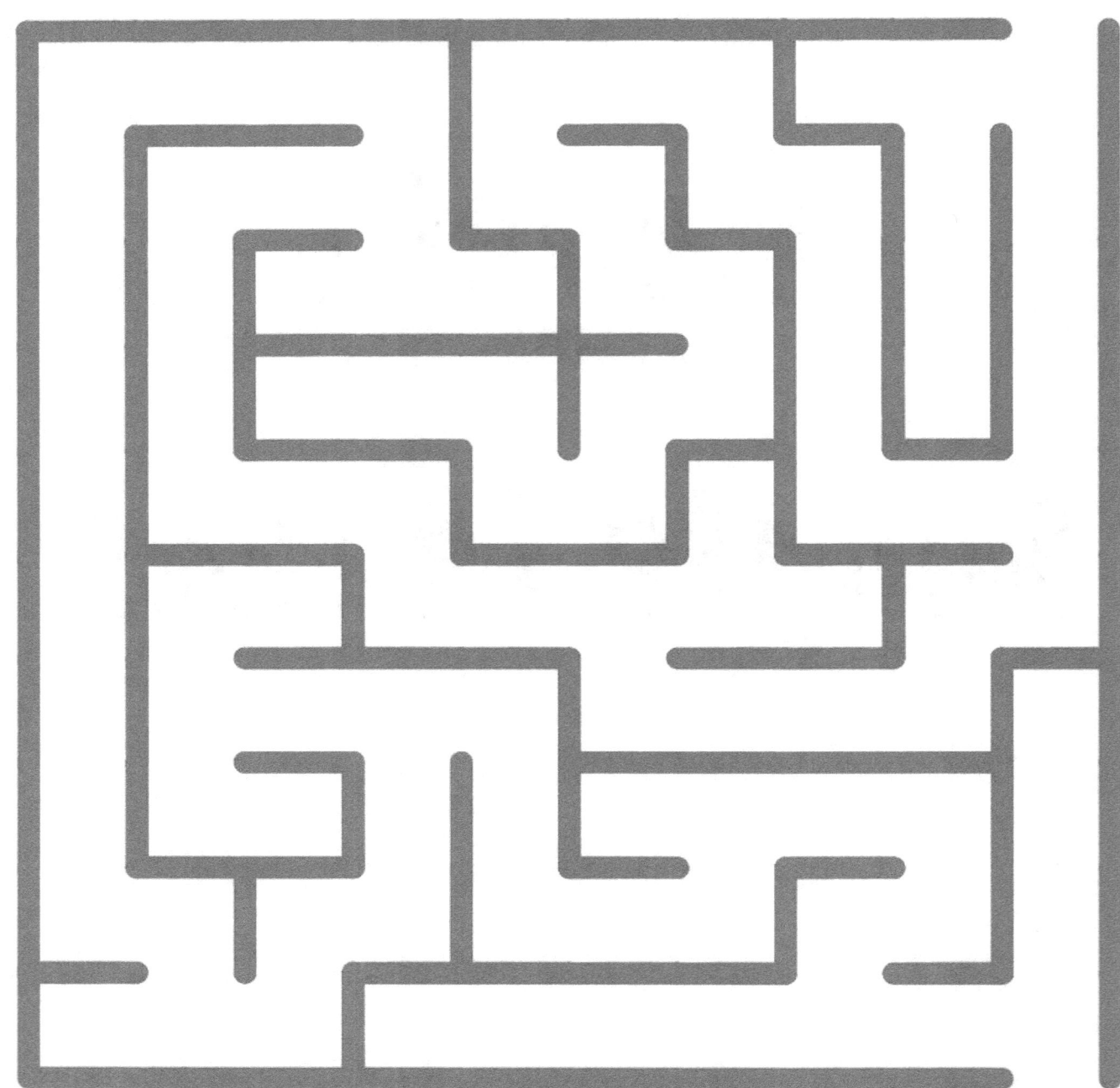

# Maze 2

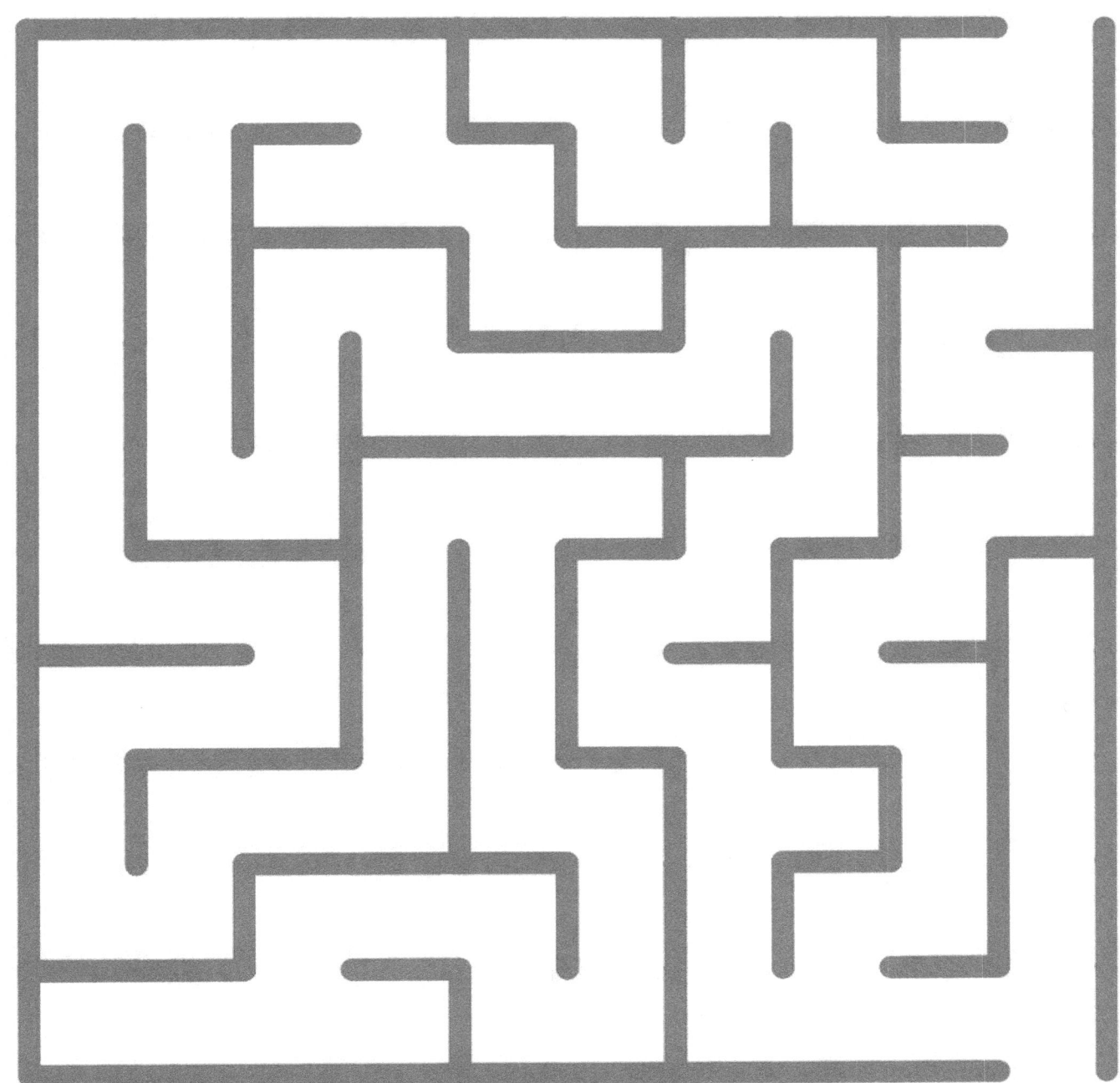

# Maze 3

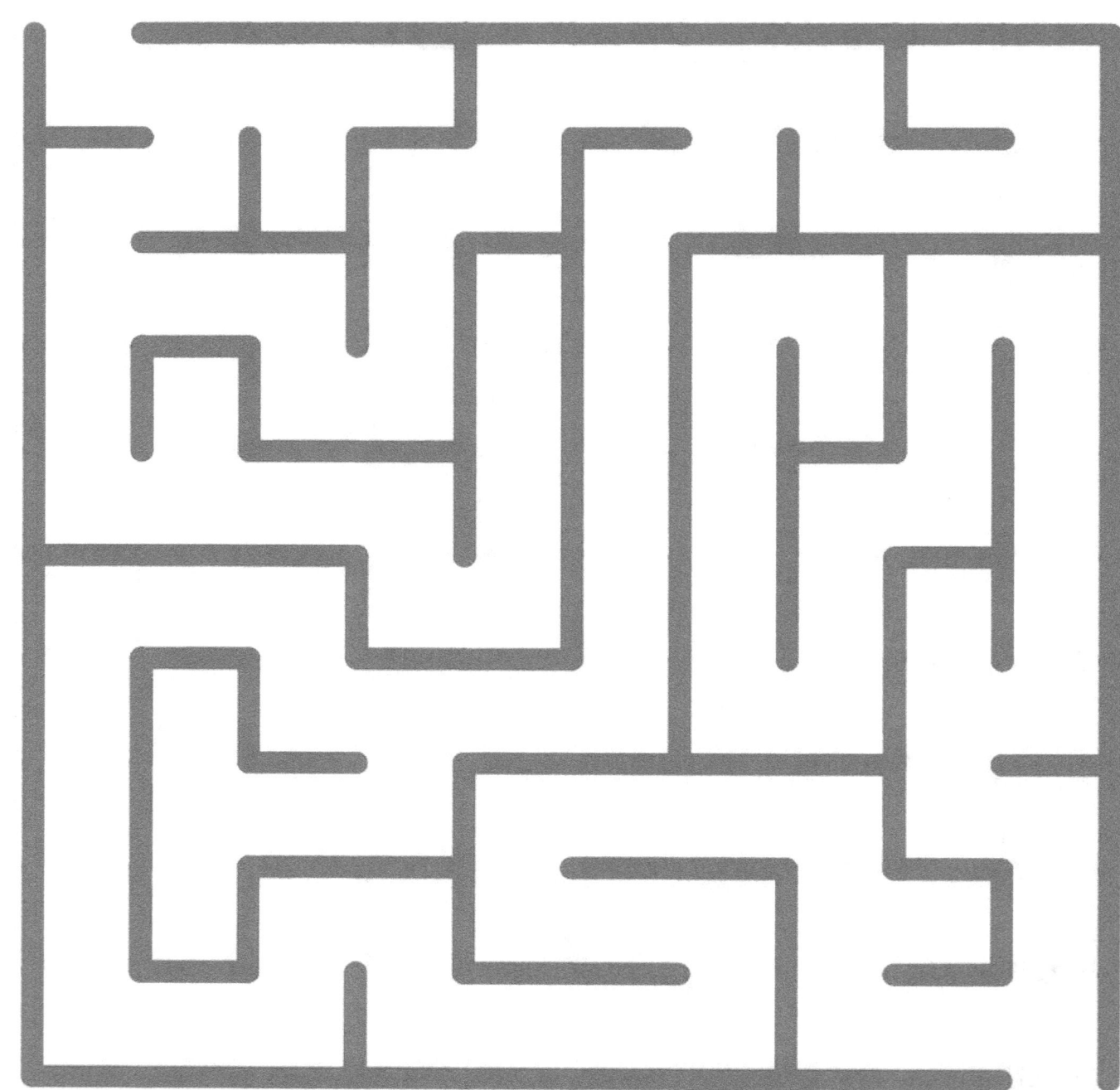

# Maze 4

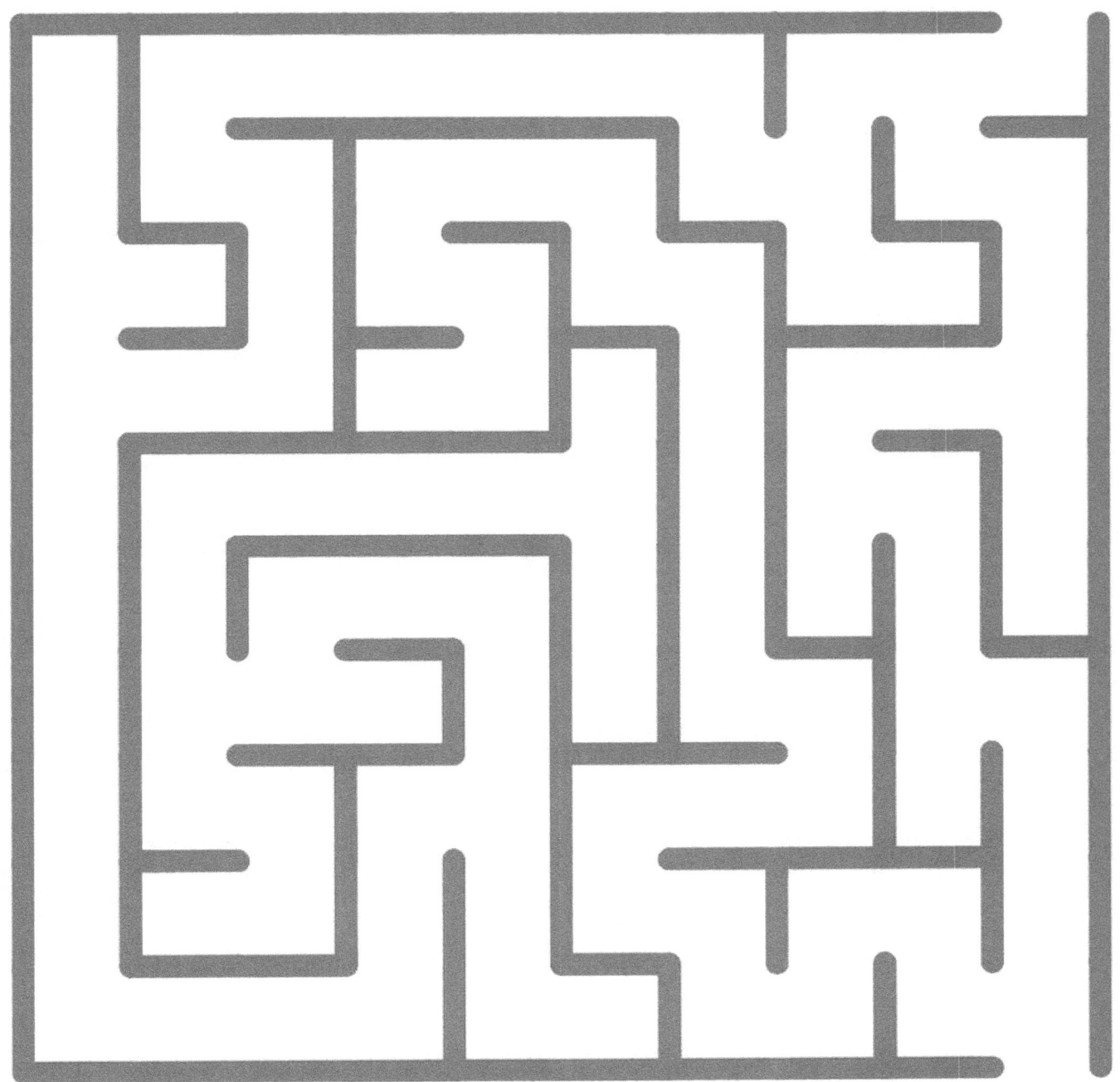

# Maze 5

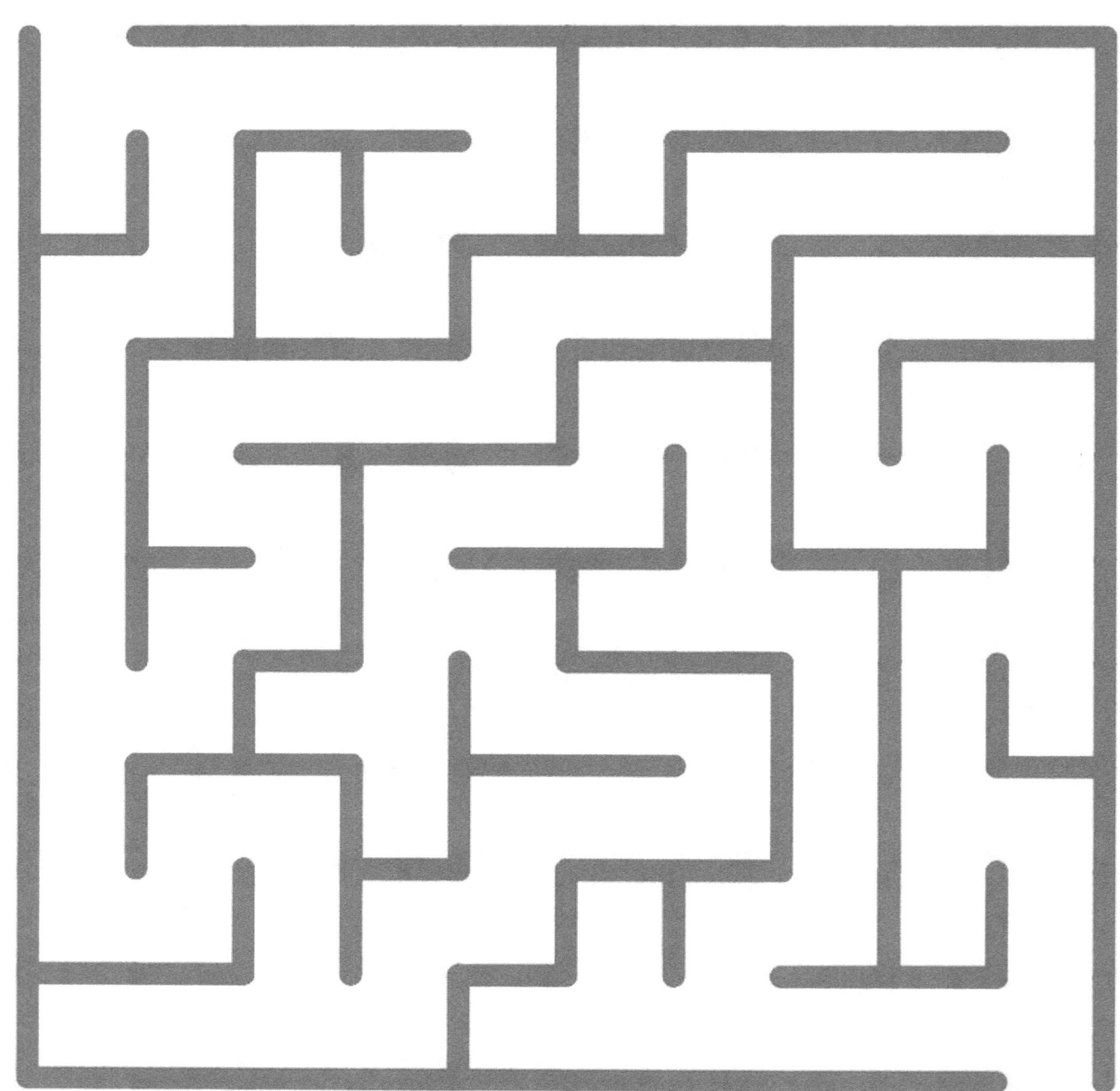

# Maze 6

# Maze 7

# Maze 8

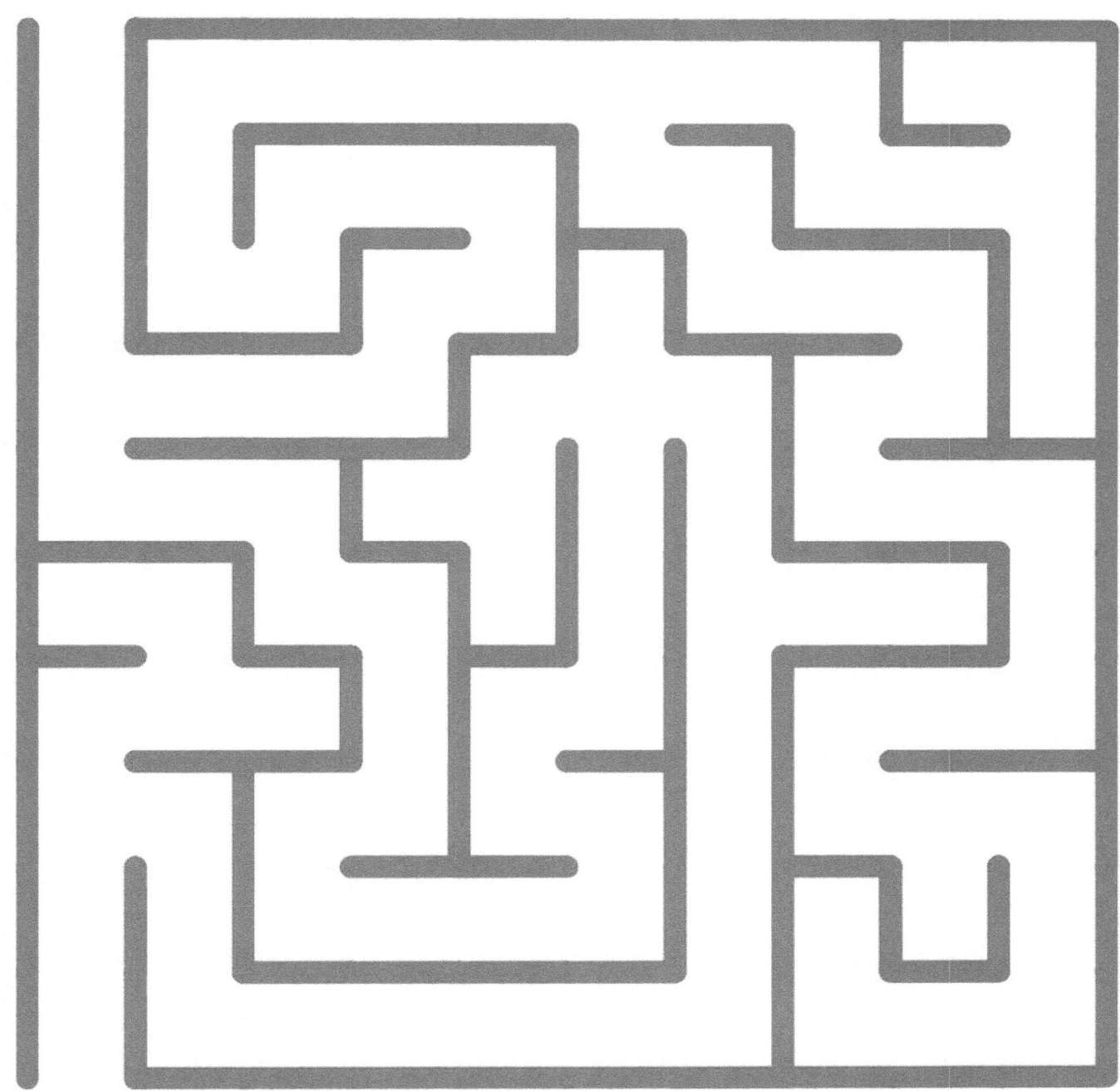

# Maze 9

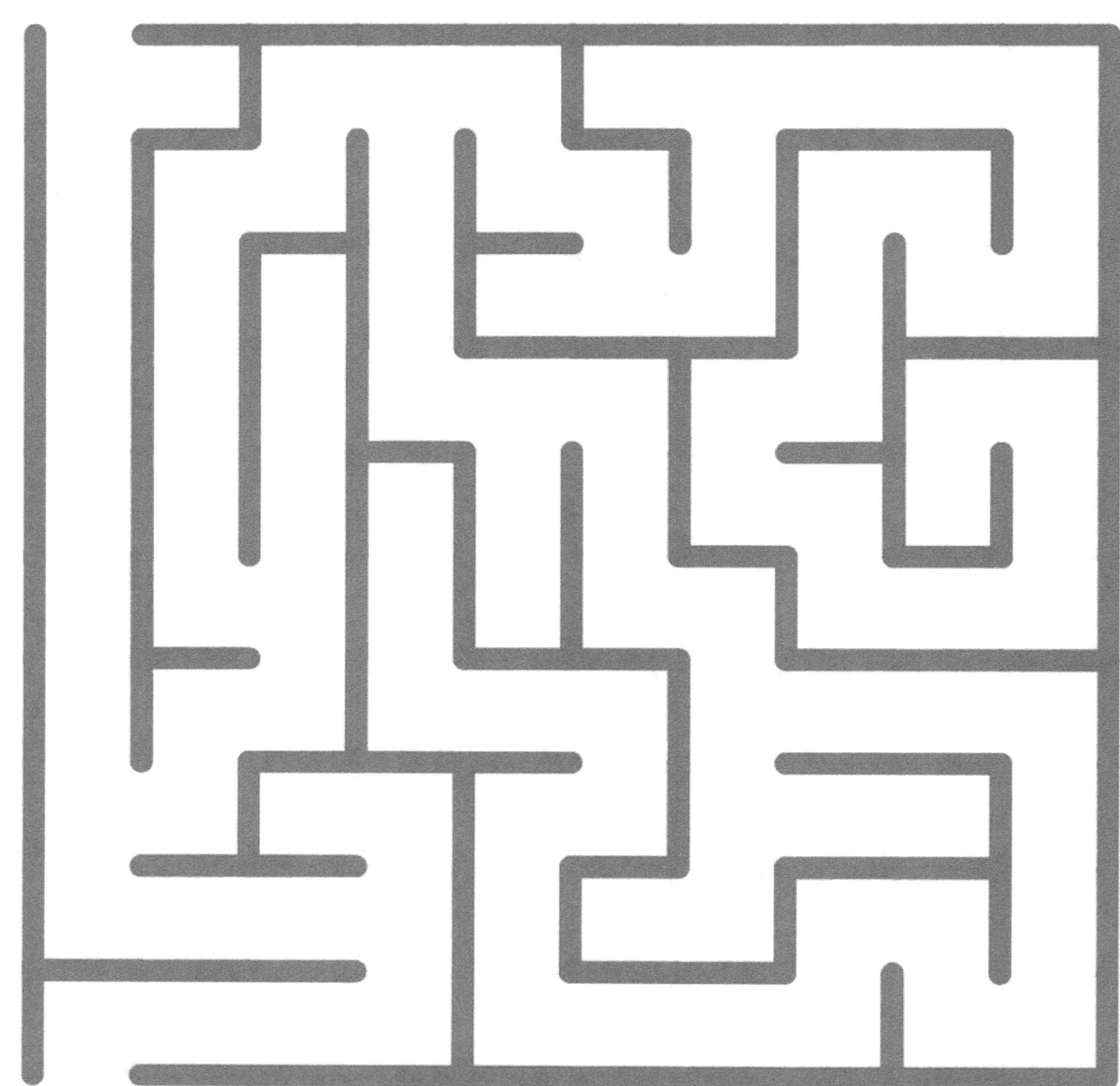

# Maze 10

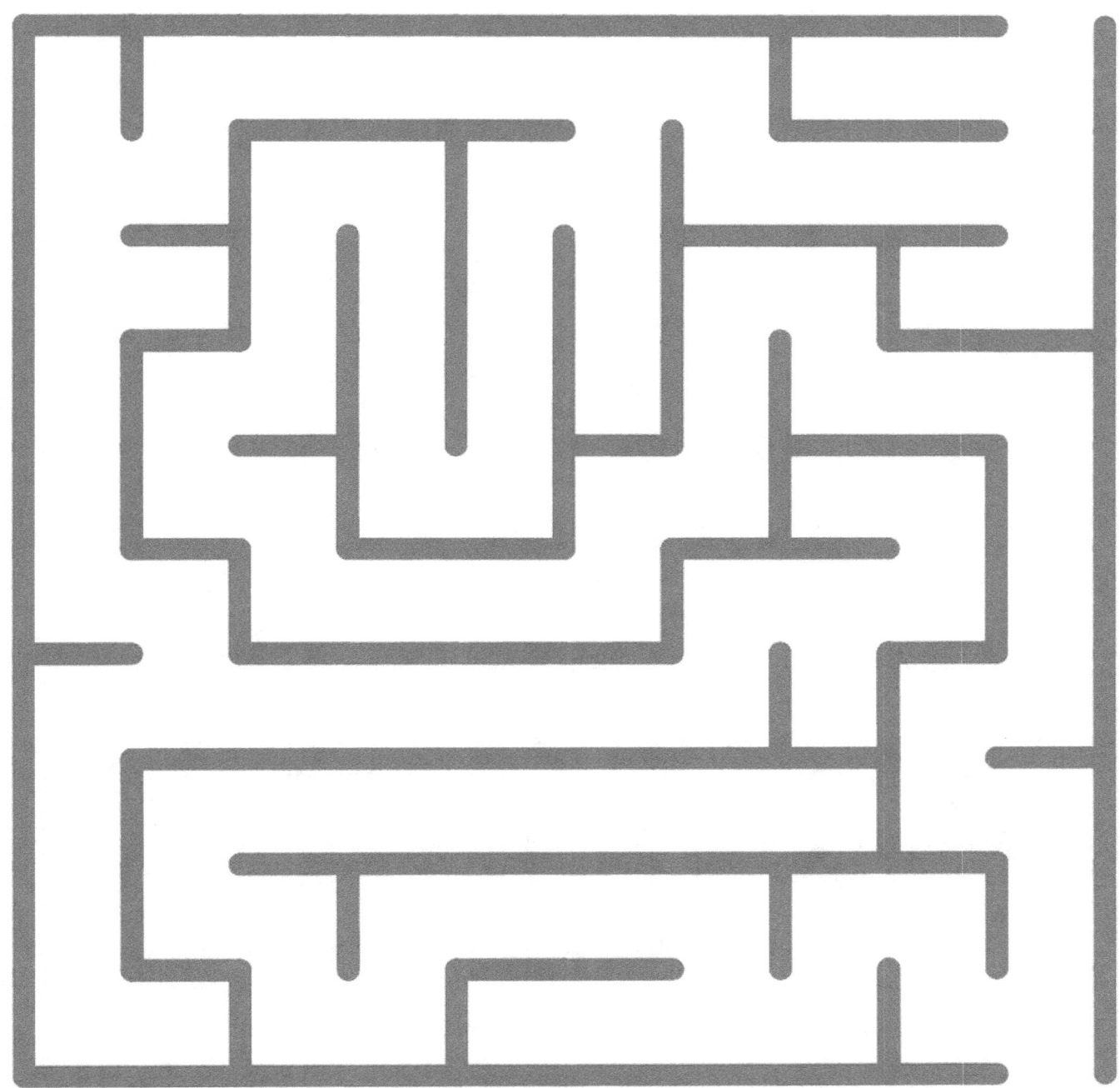

# Maze 11

# Maze 12

# Maze 13

# Maze 14

# Maze 15

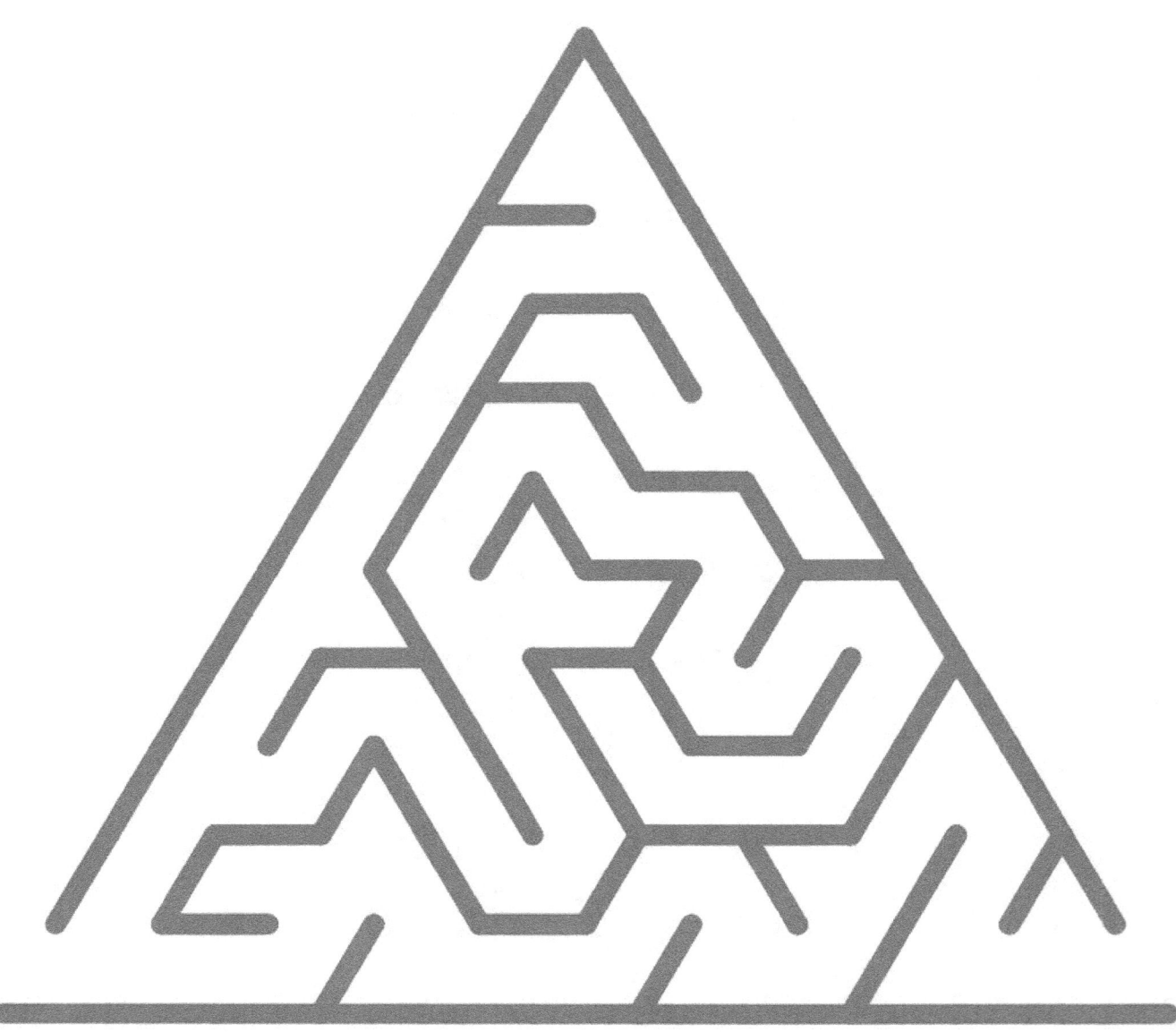

# Maze 16

# Maze 17

# Maze 18

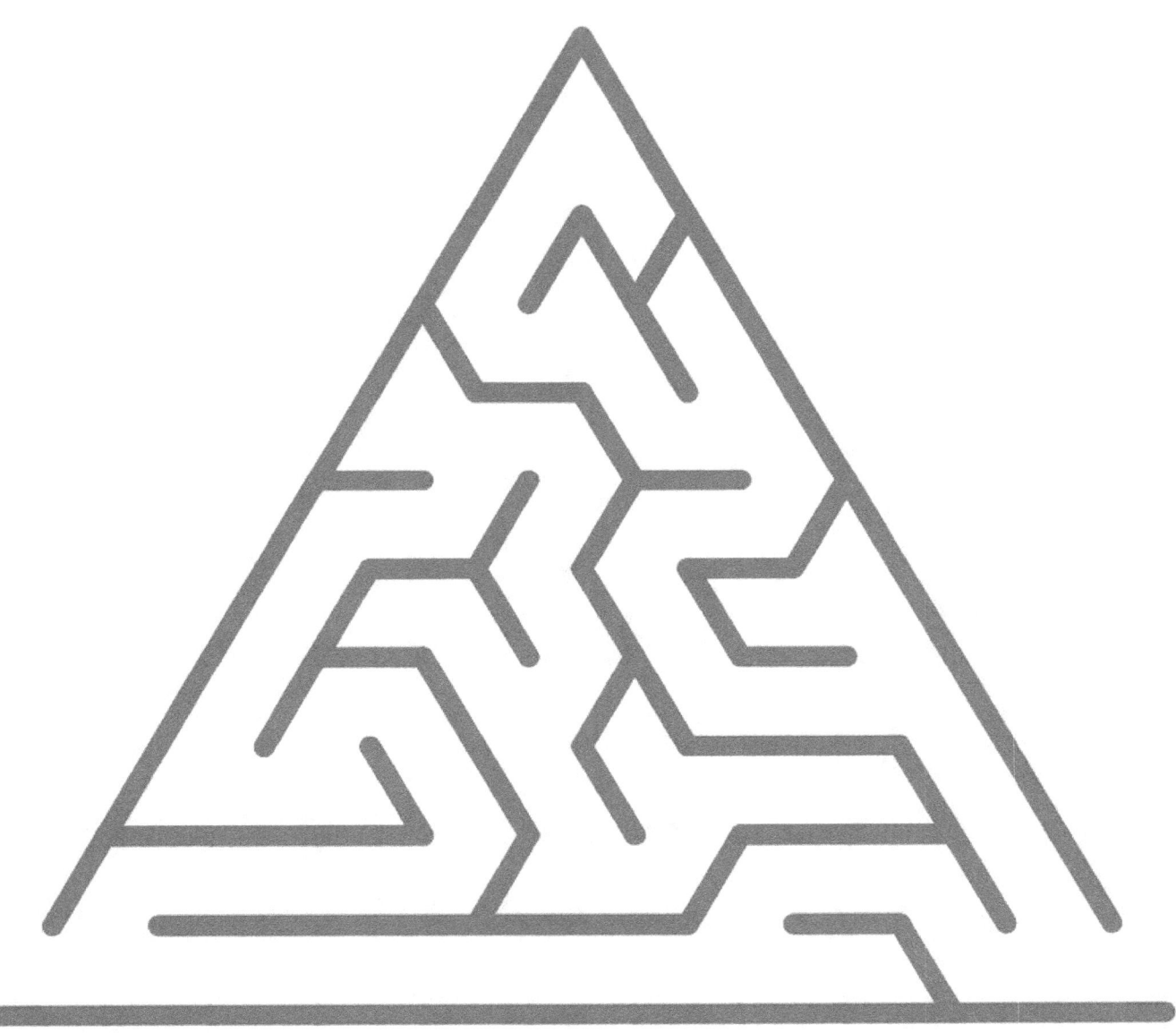

# Maze 19

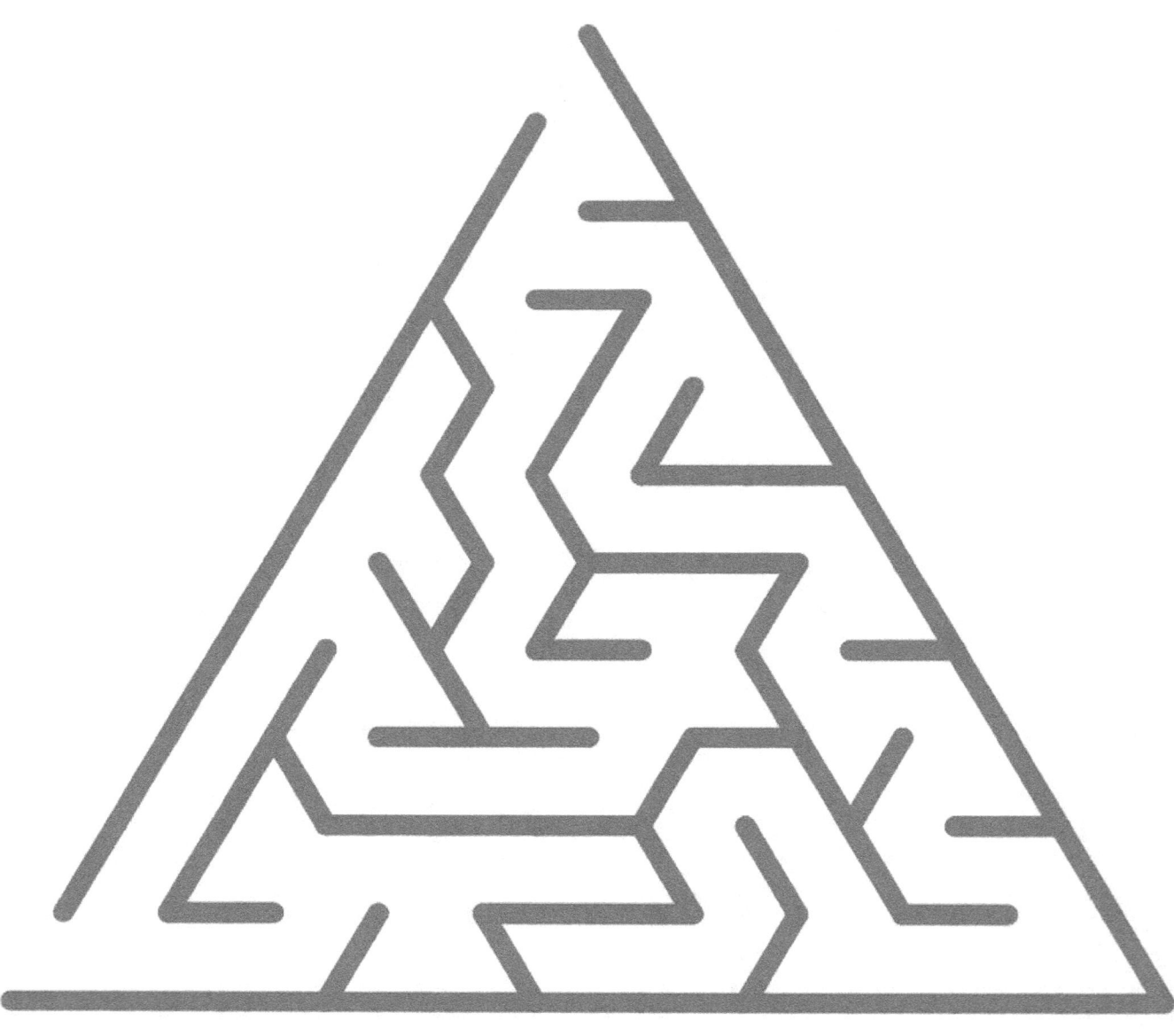

# Maze 20

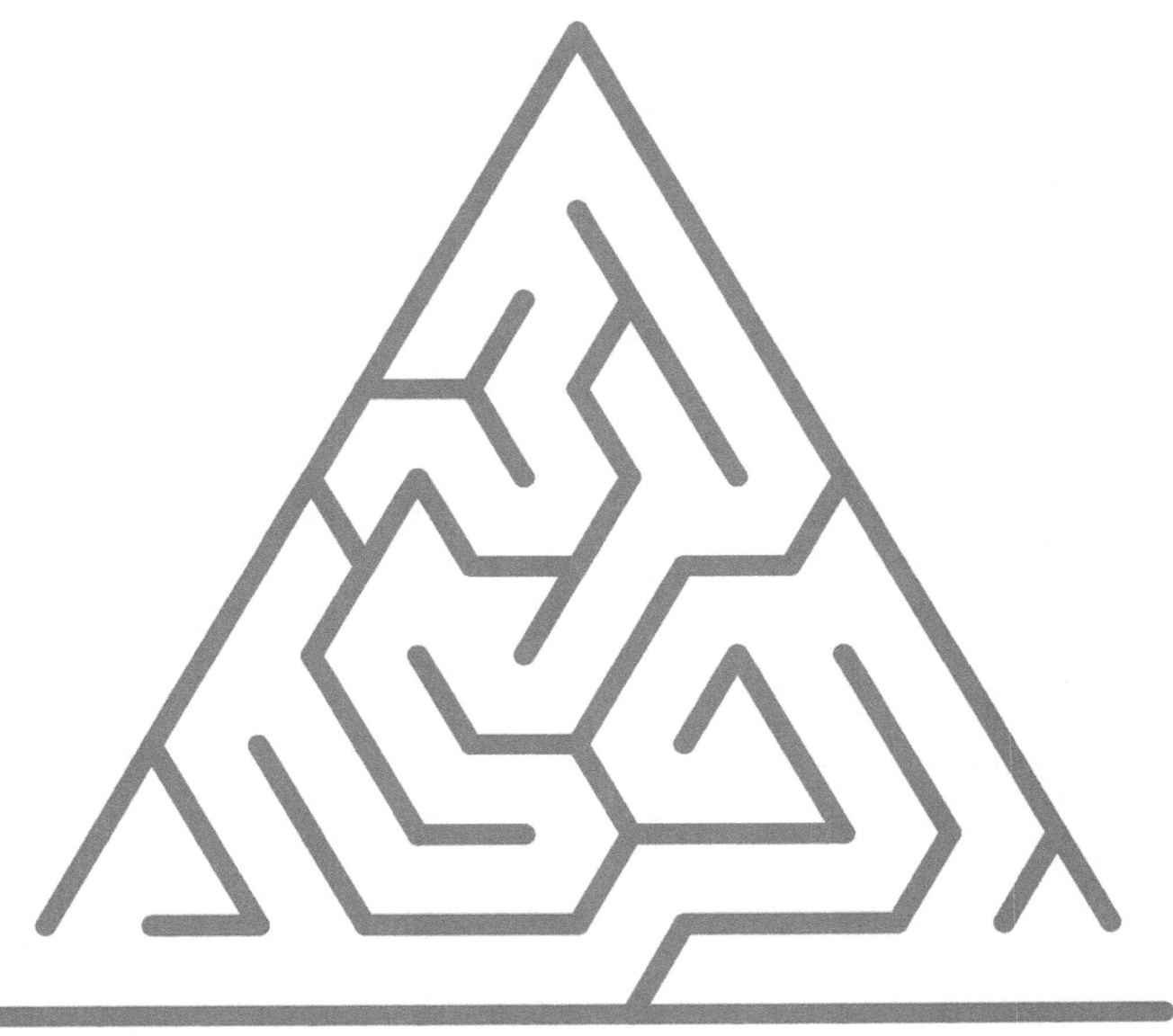

# Maze 21

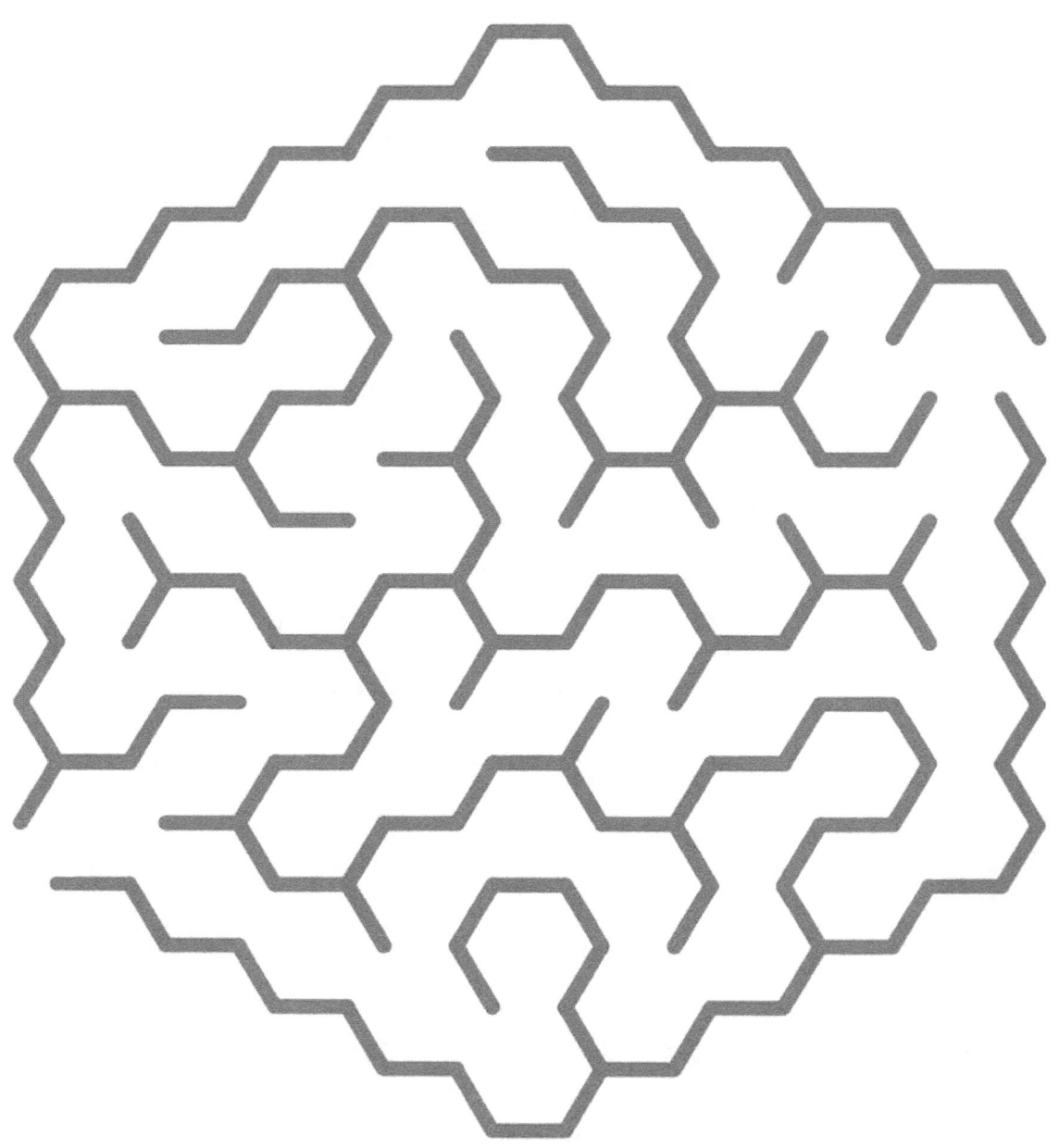

# Maze 22

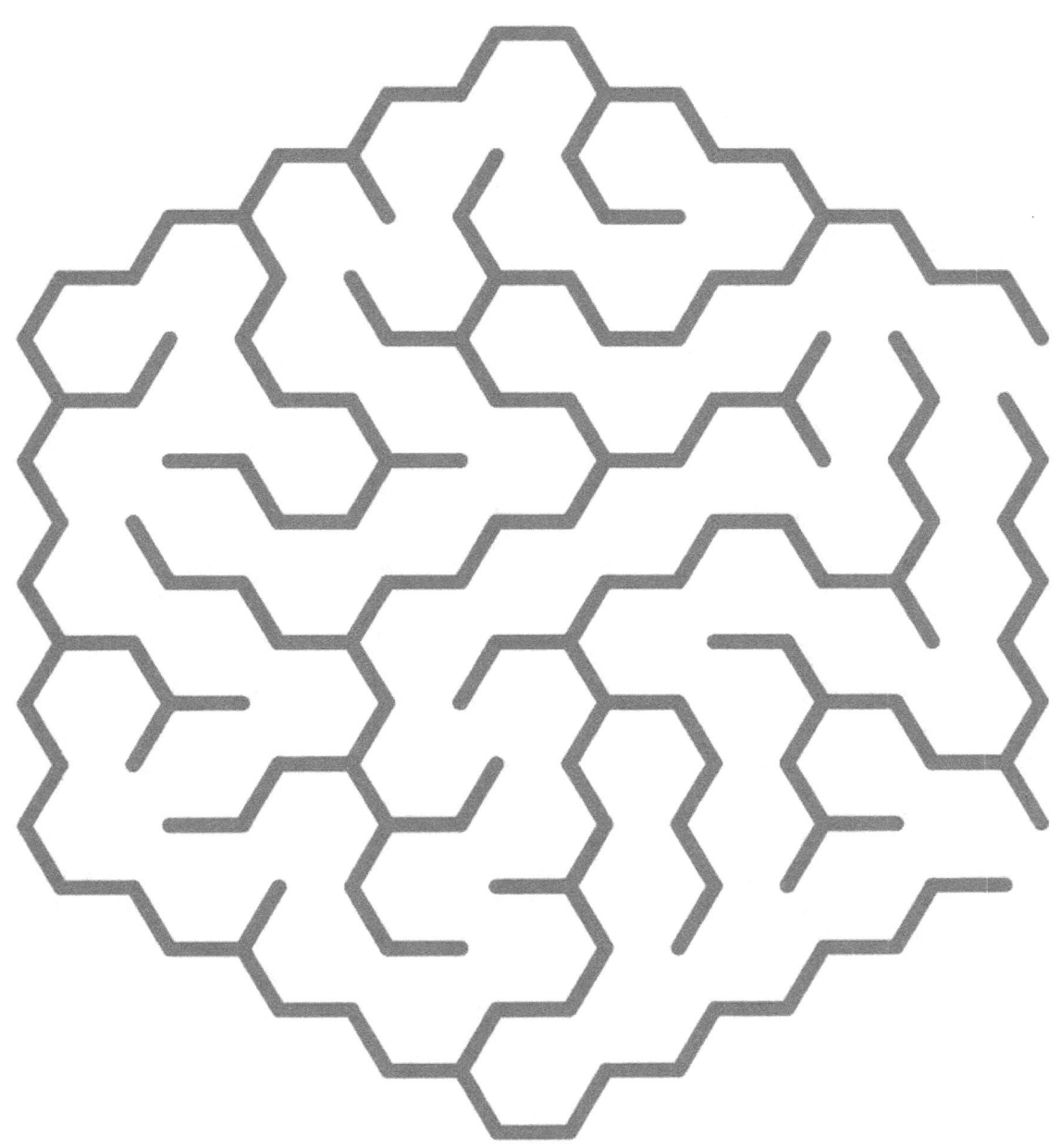

# Maze 23

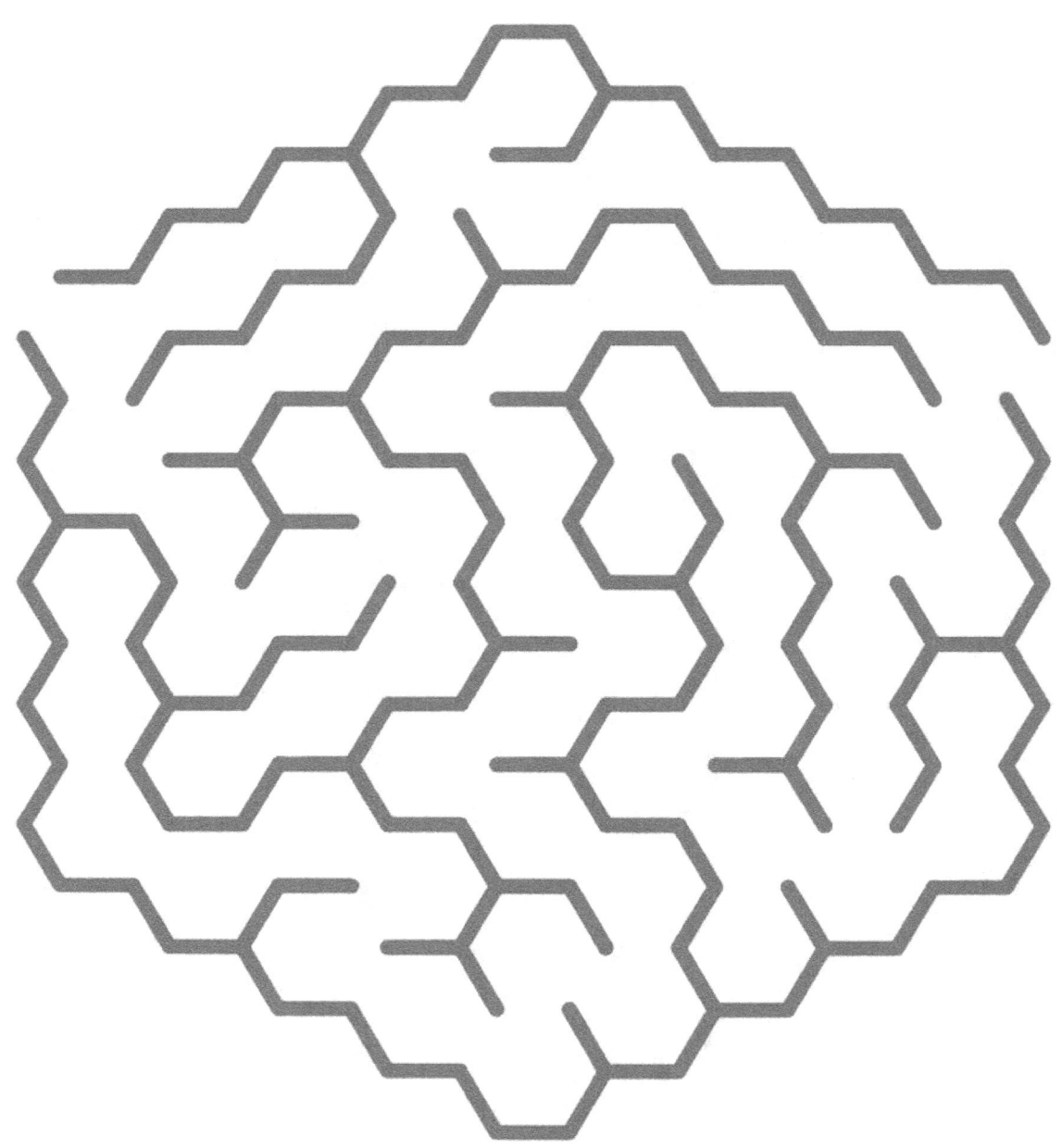

# Maze 24

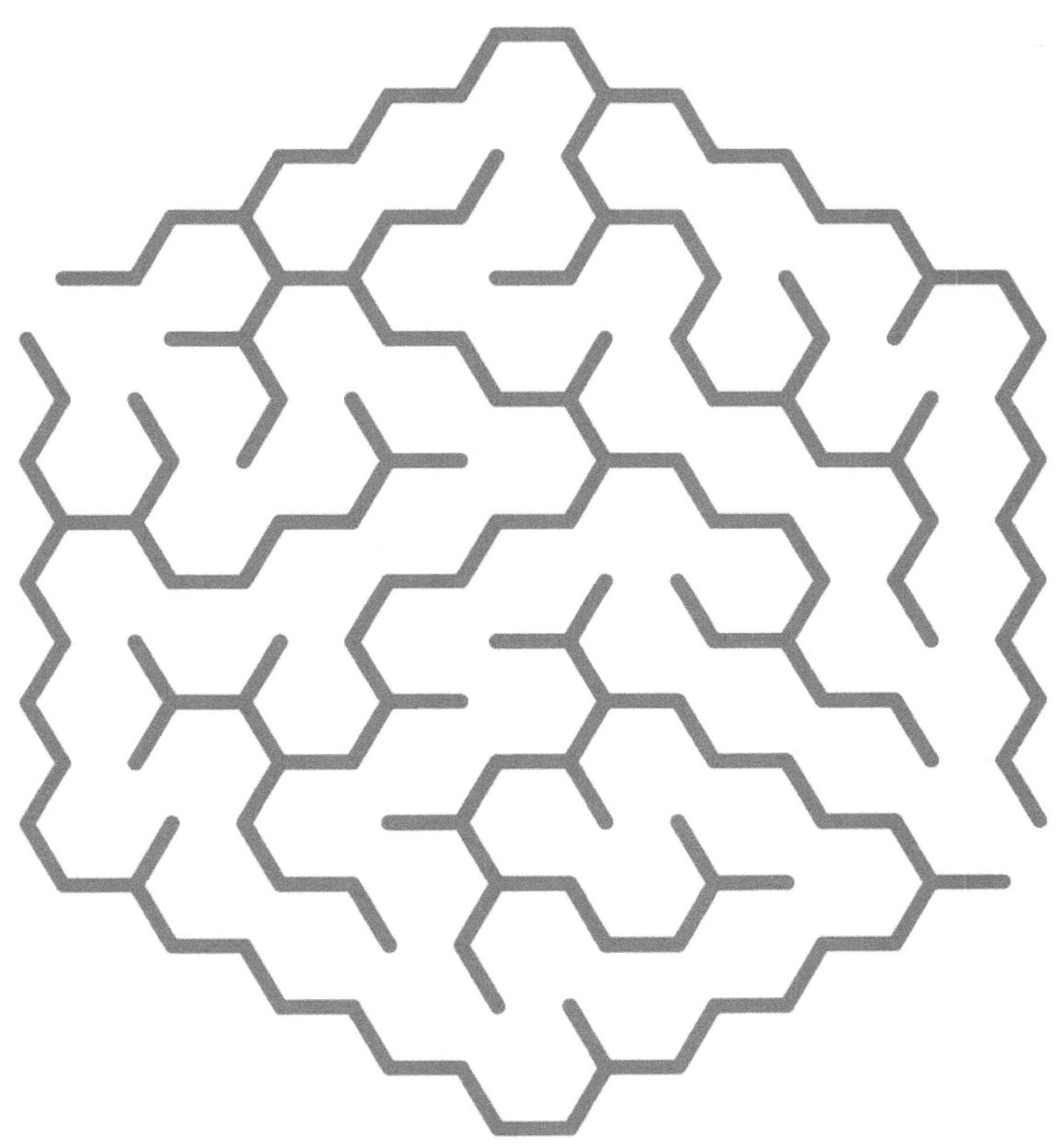

# Maze 25

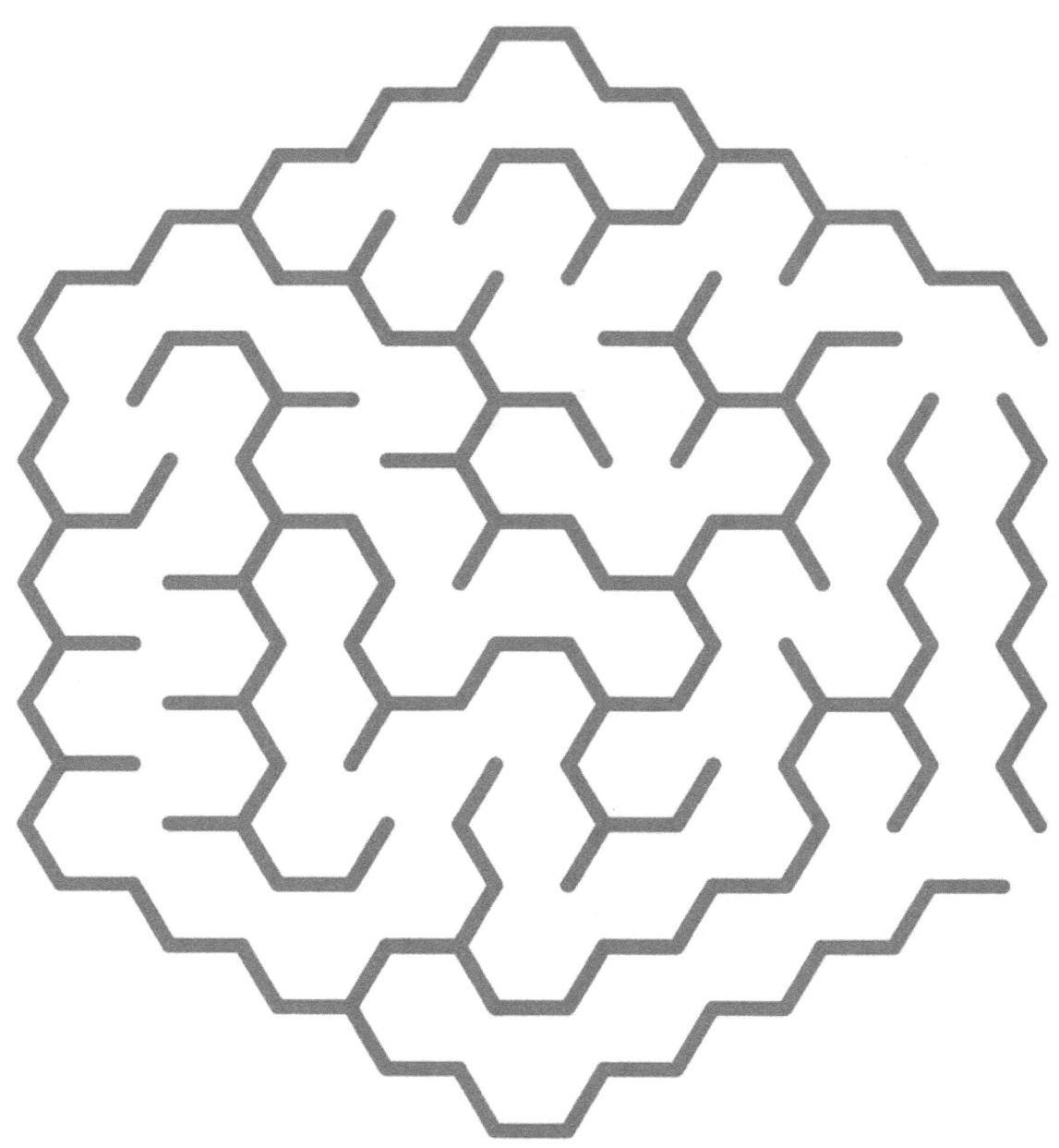

# Maze 26

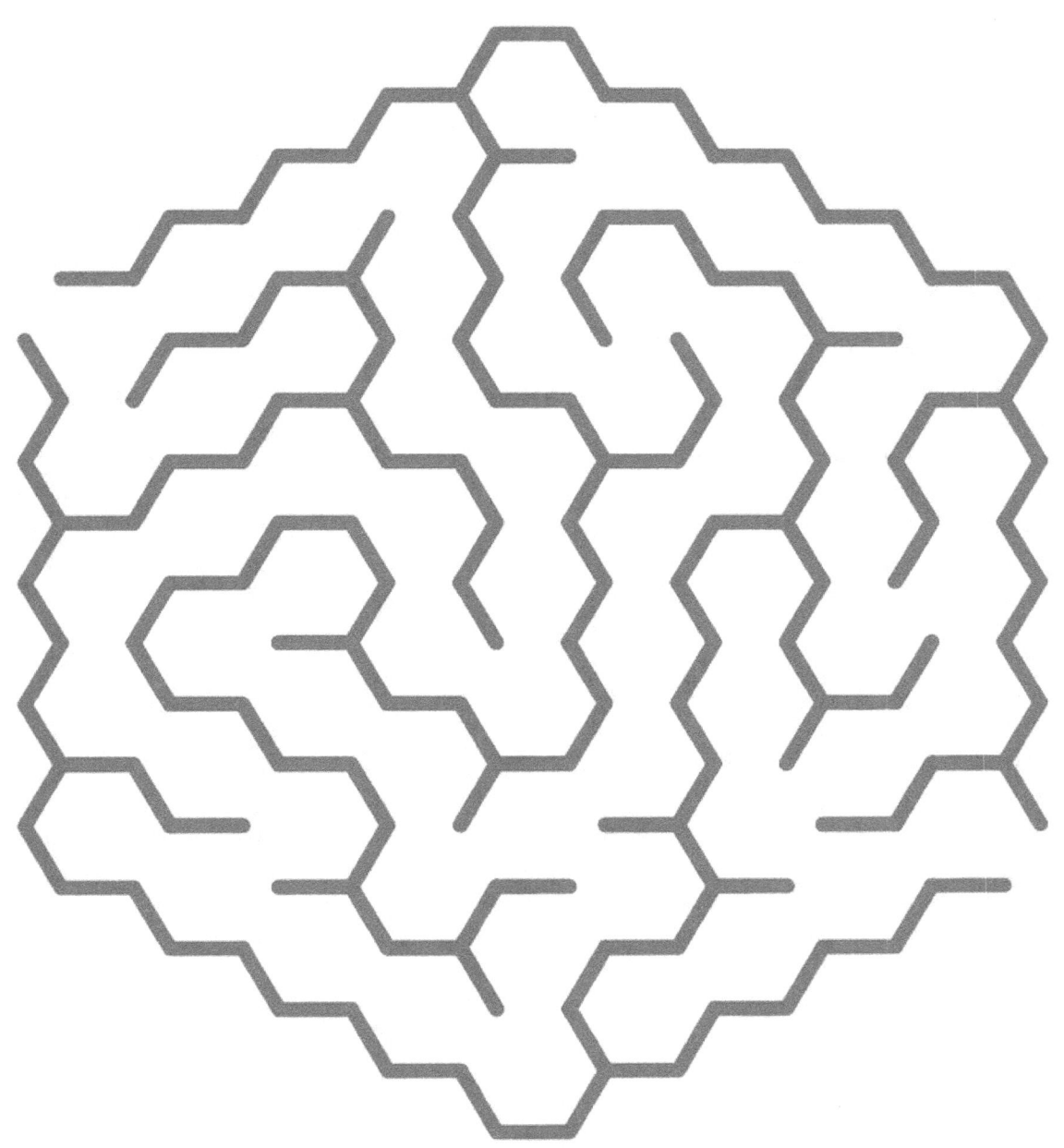

# Maze 27

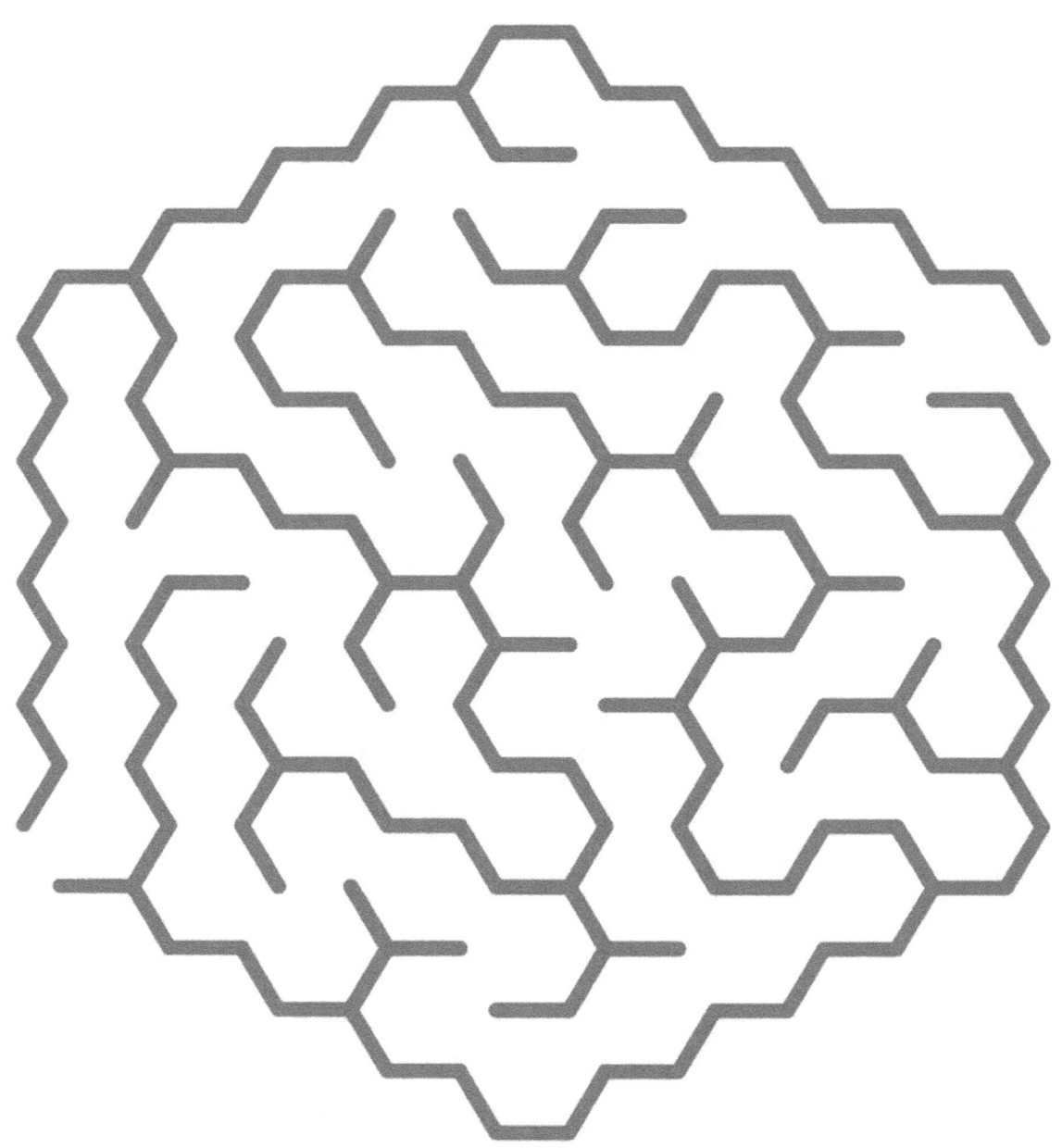

# Maze 28

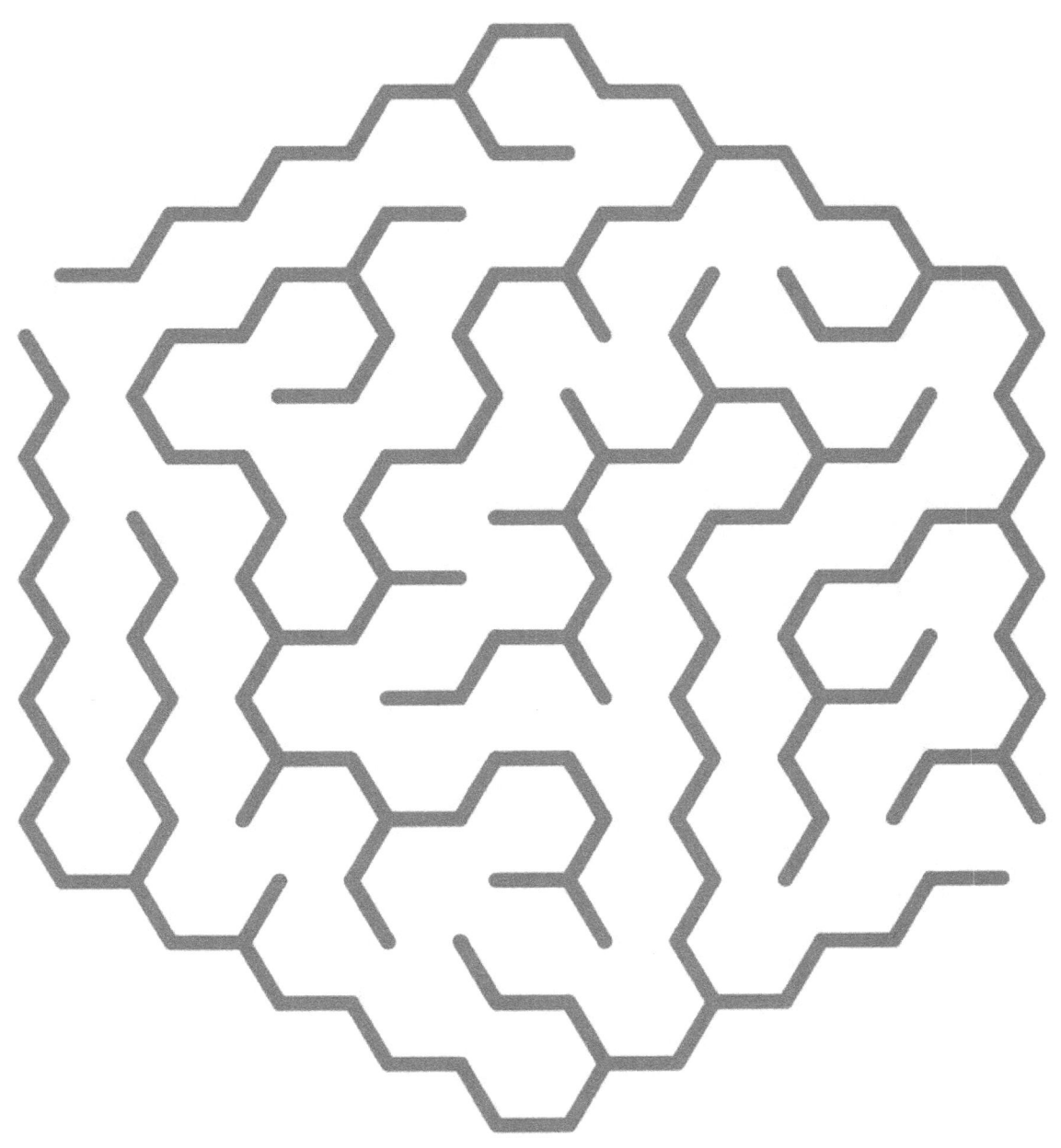

# Maze 29

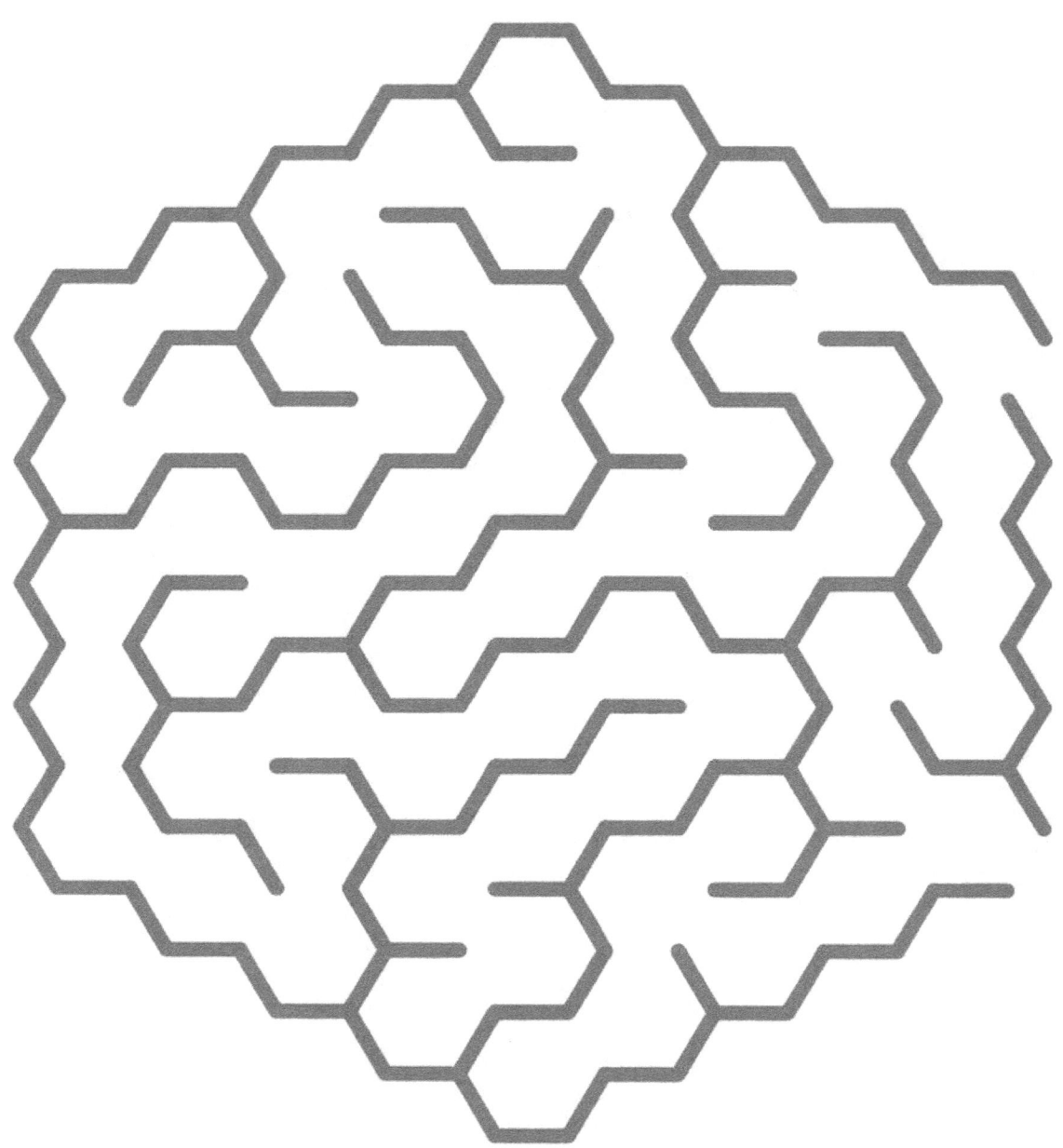

# Maze 30

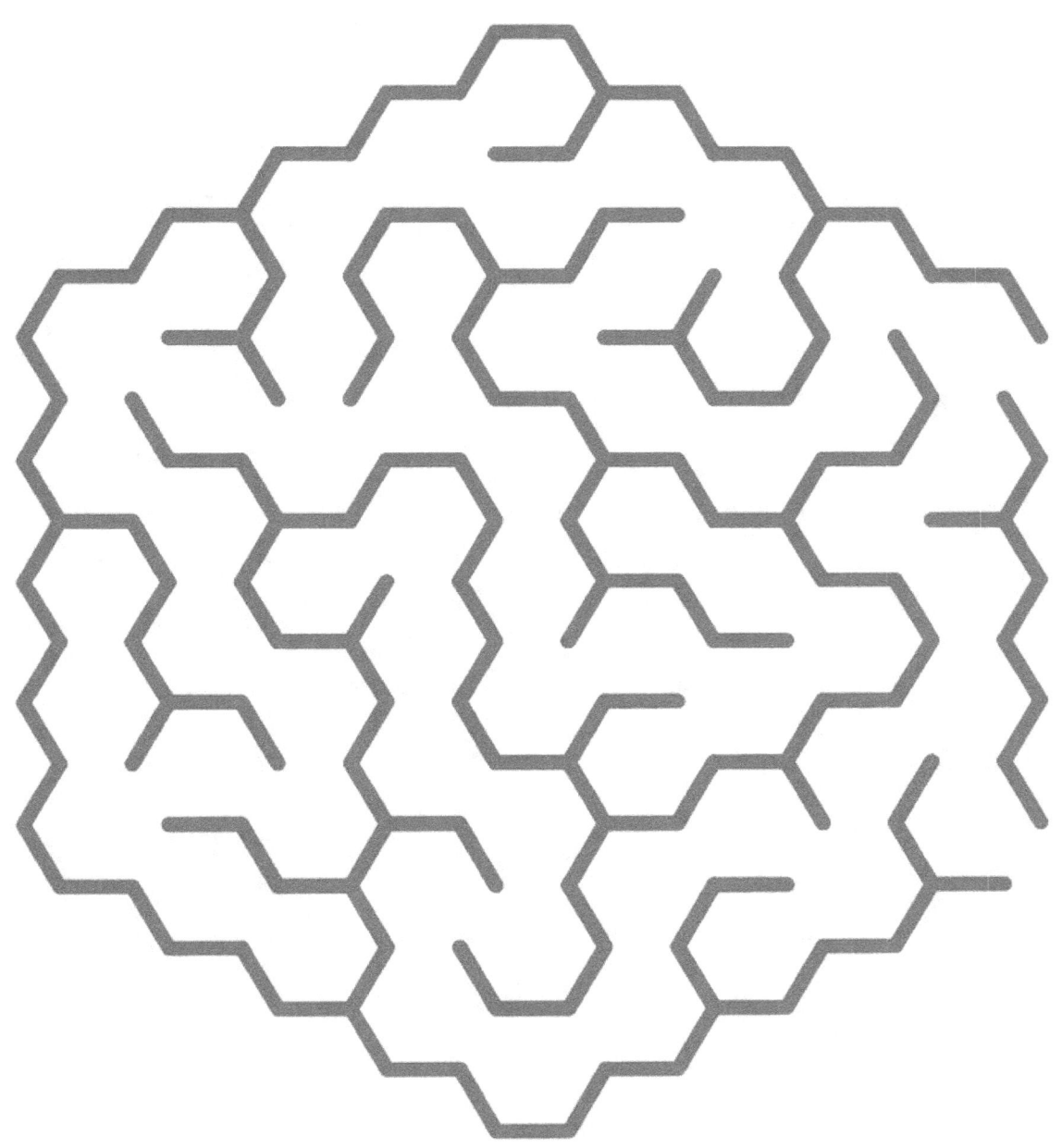

# Maze 31

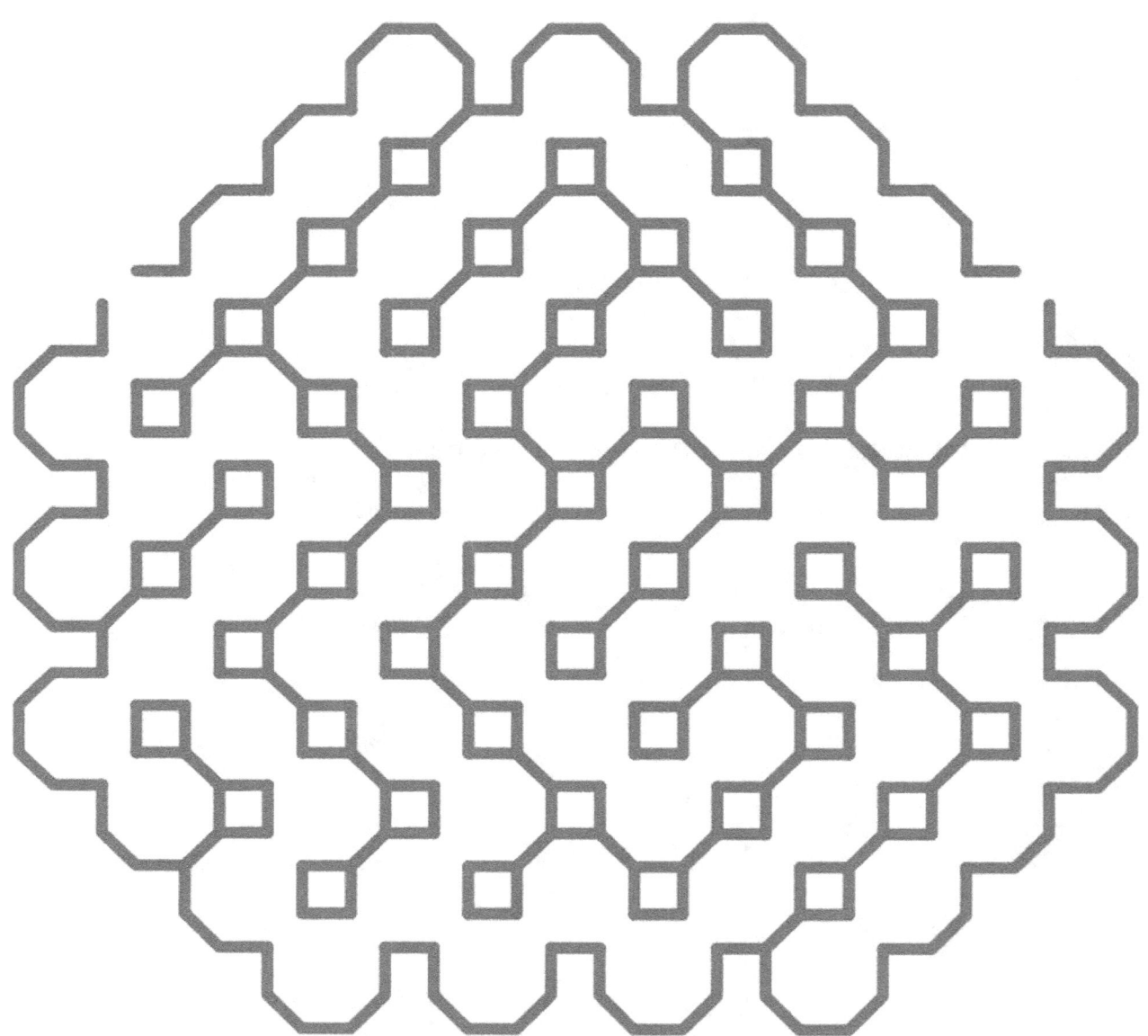

# Maze 32

# Maze 33

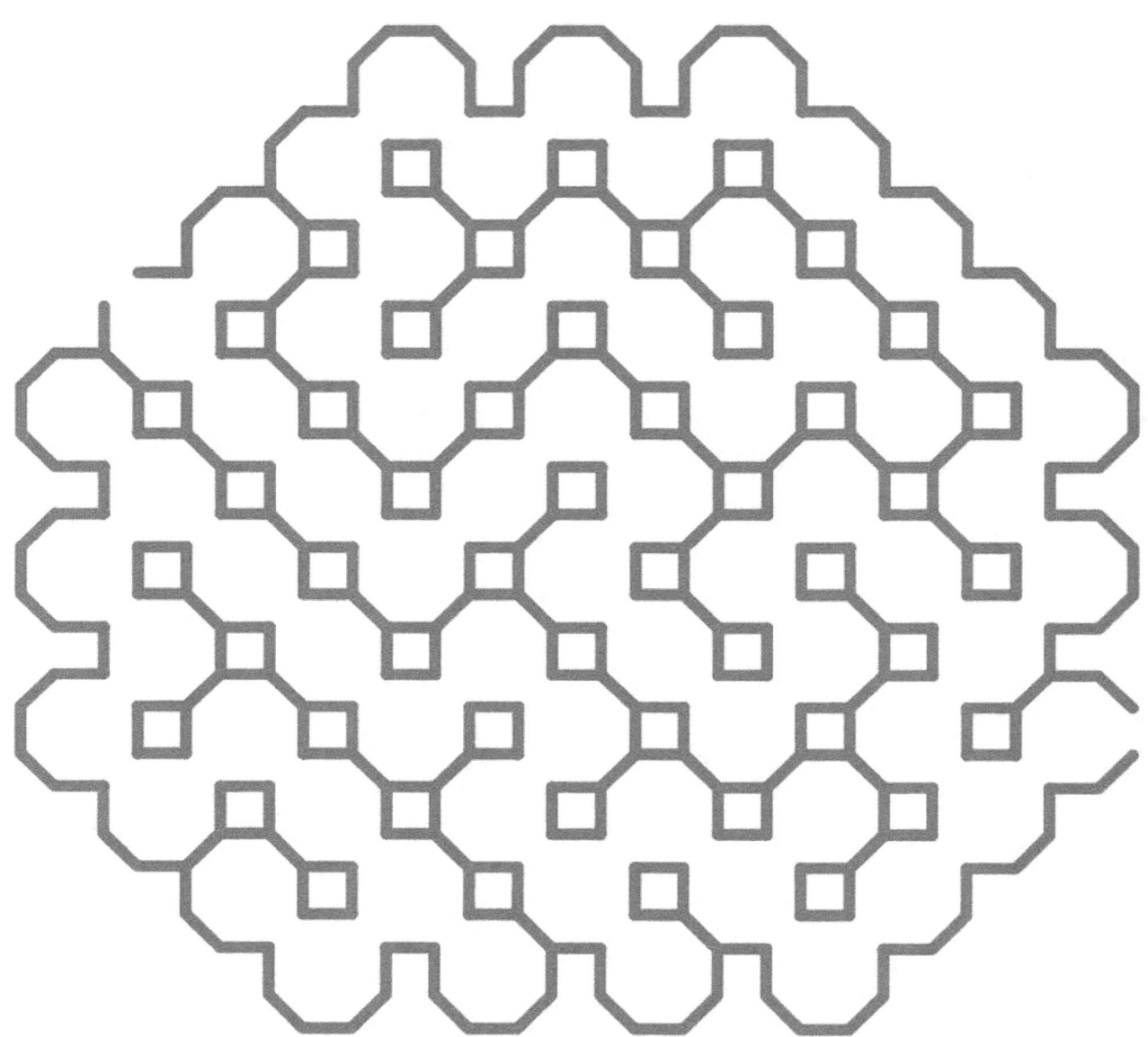

# Maze 34

# Maze 35

# Maze 36

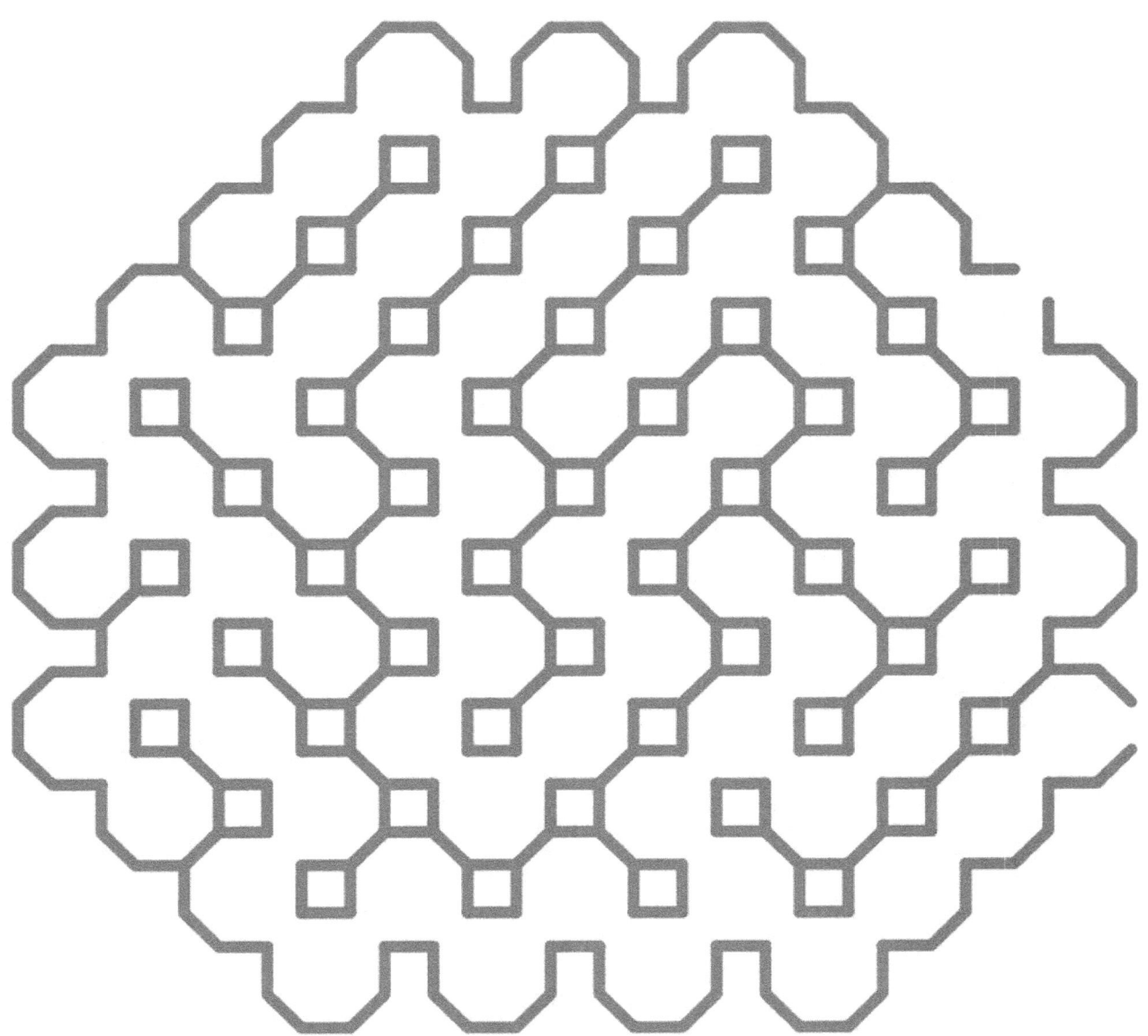

# Maze 37

# Maze 38

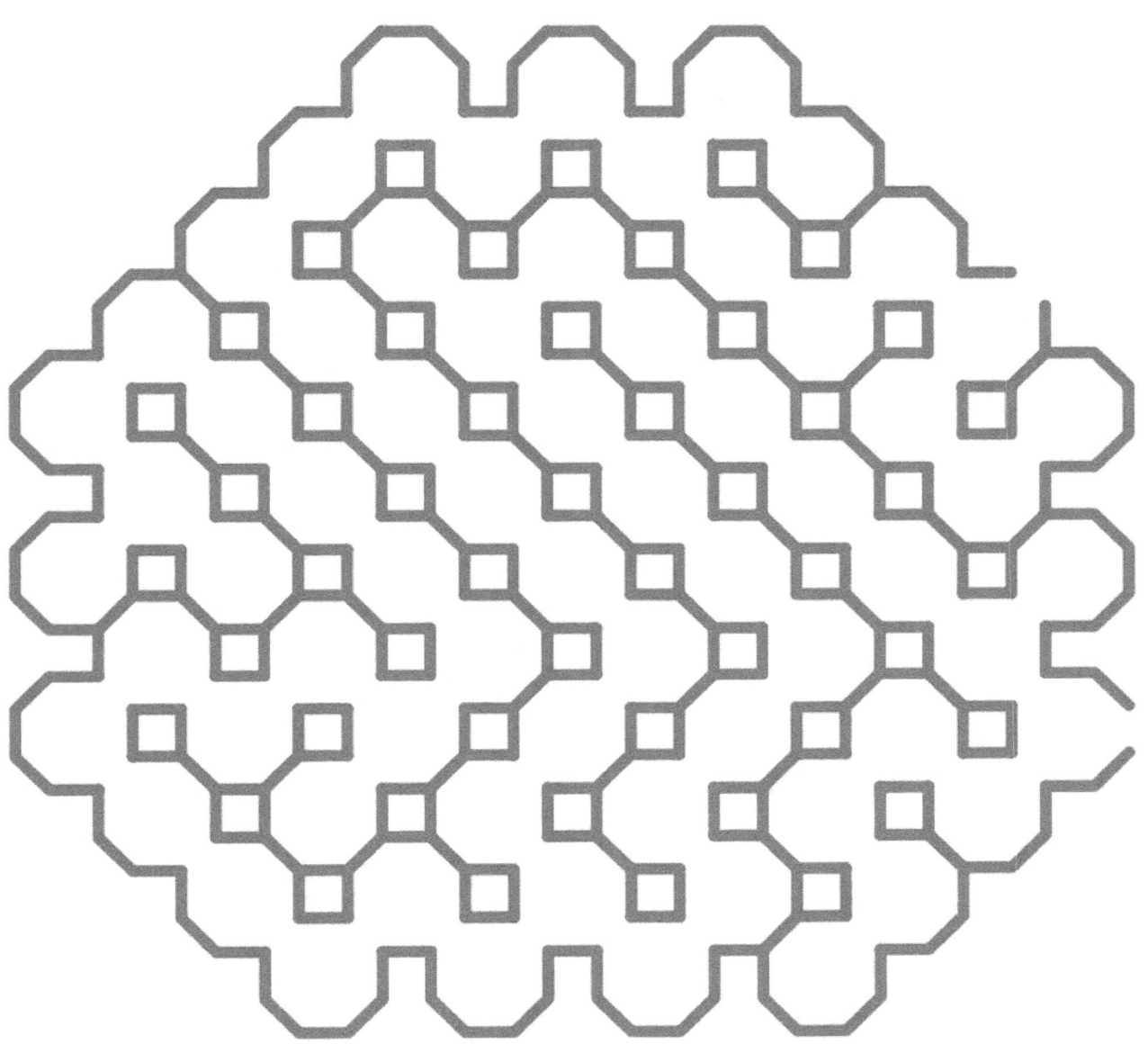

# Maze 39

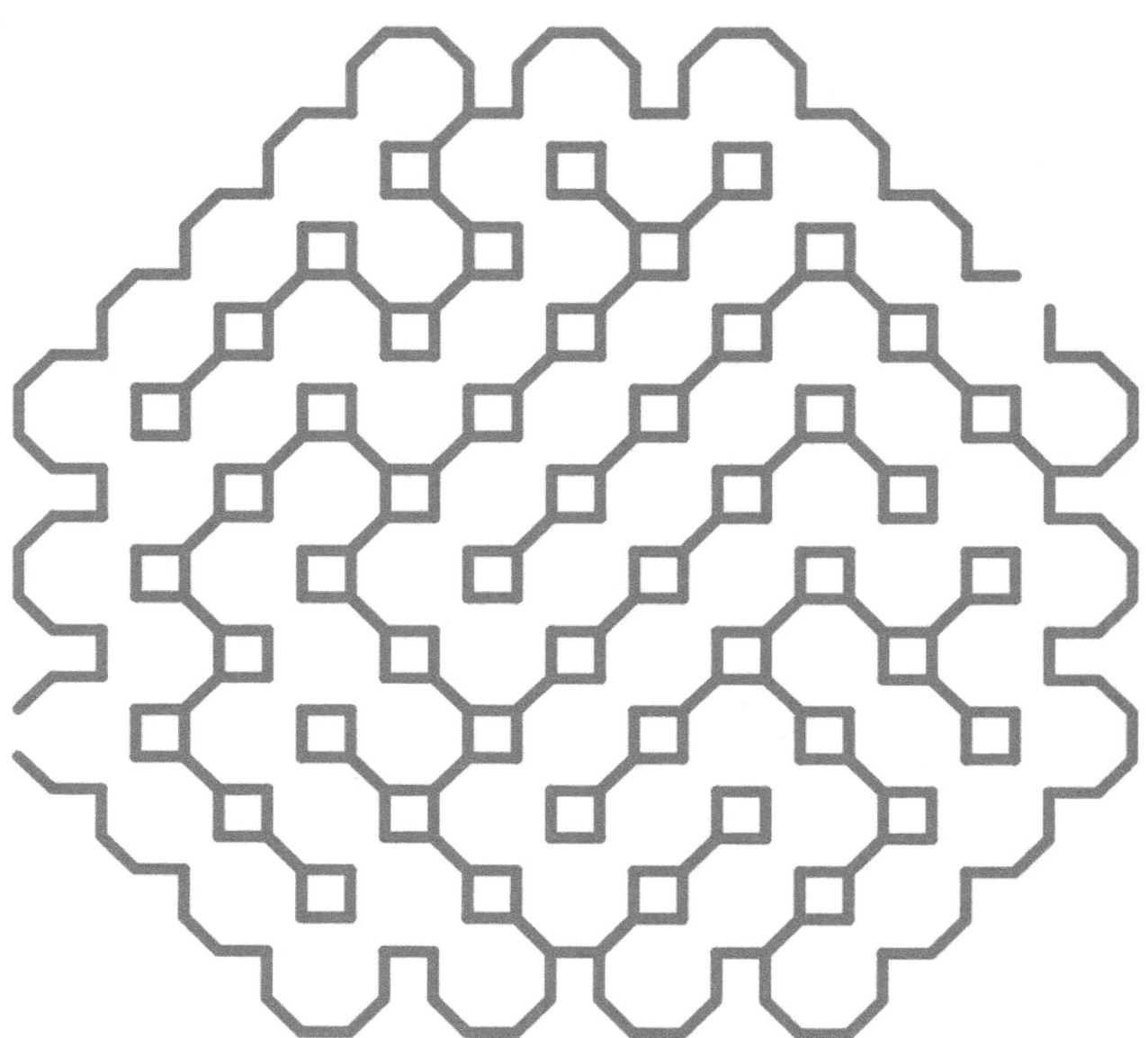

# Maze 40

# Maze 41

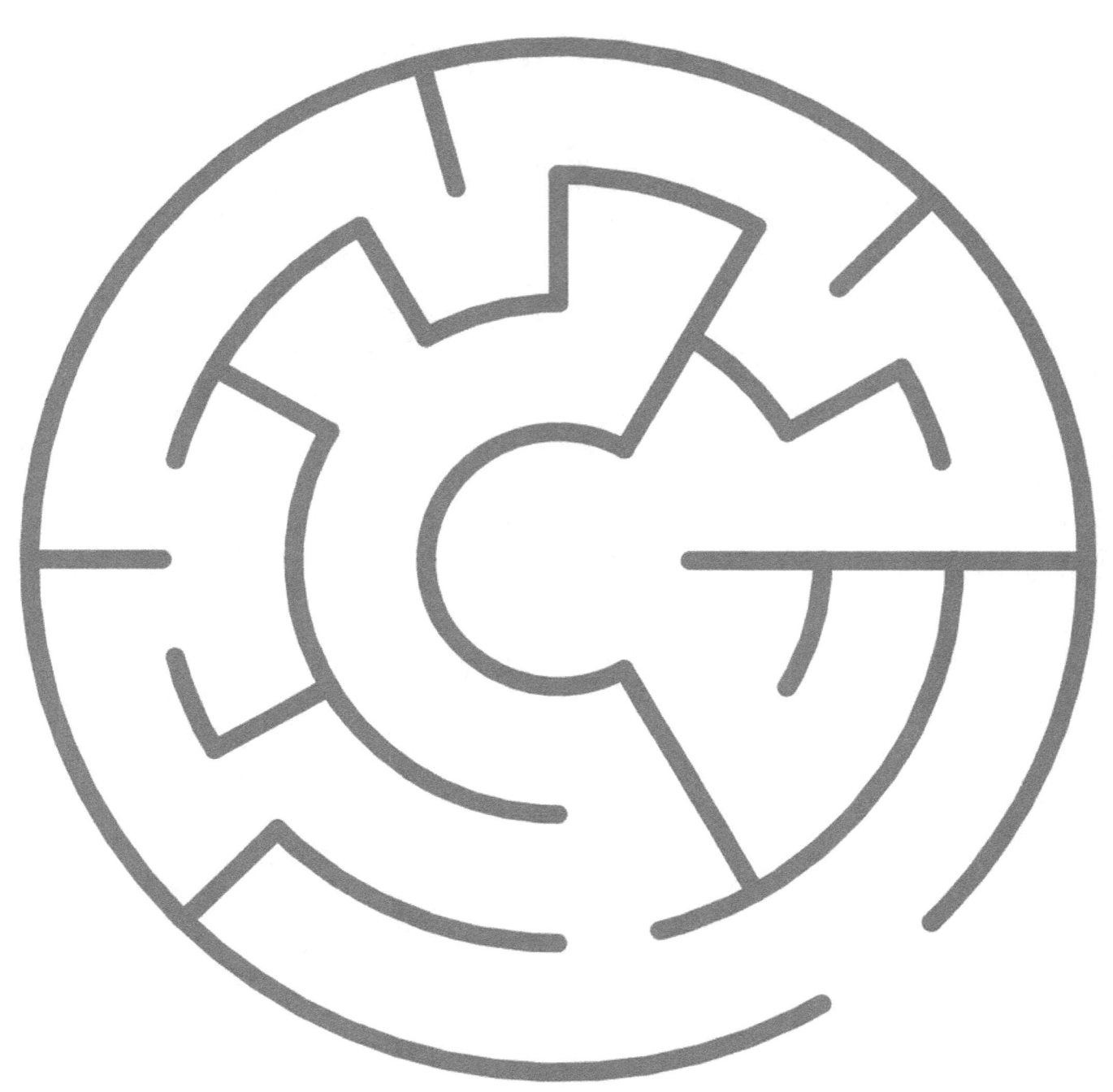

# Maze 42

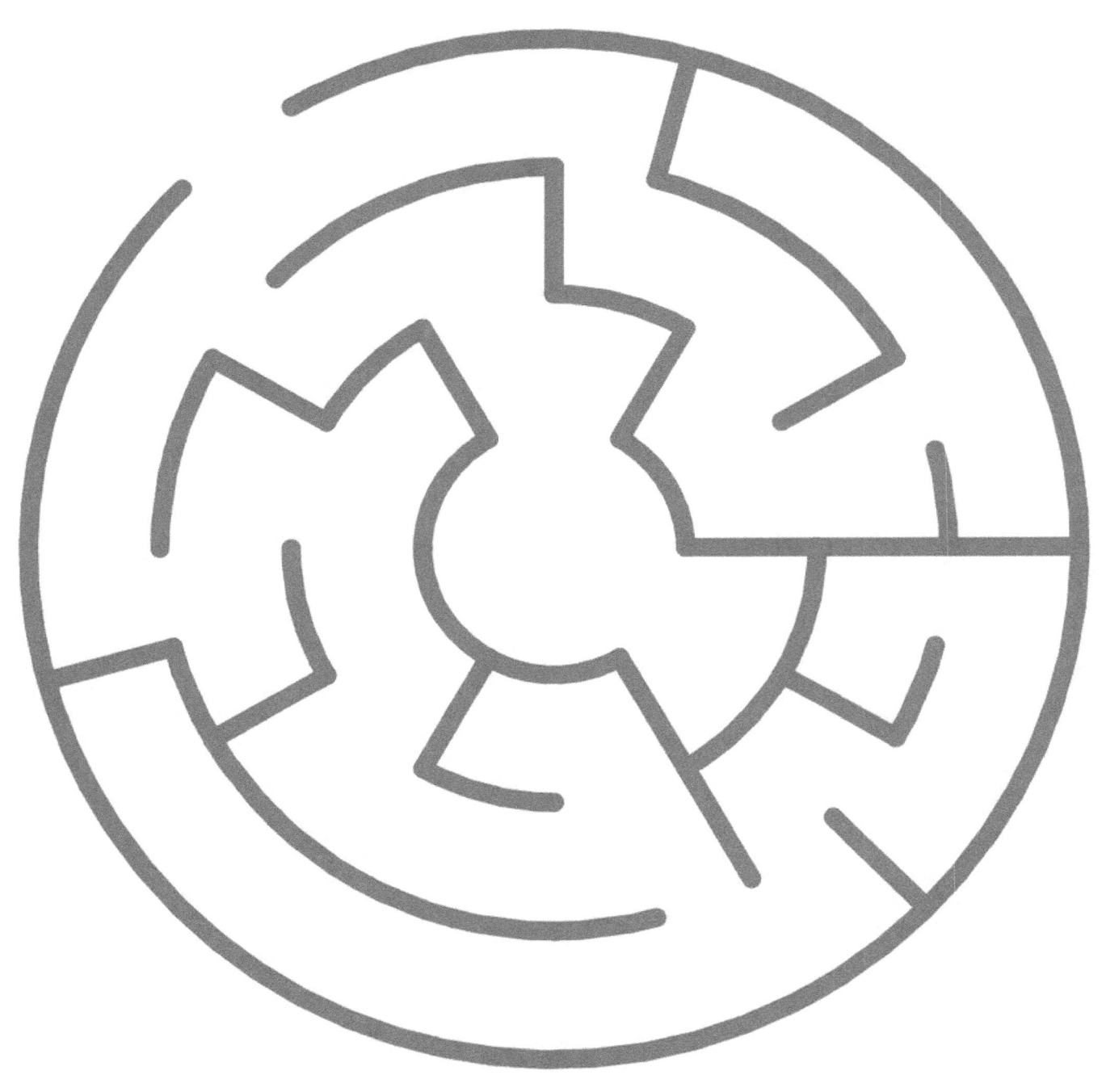

# Maze 43

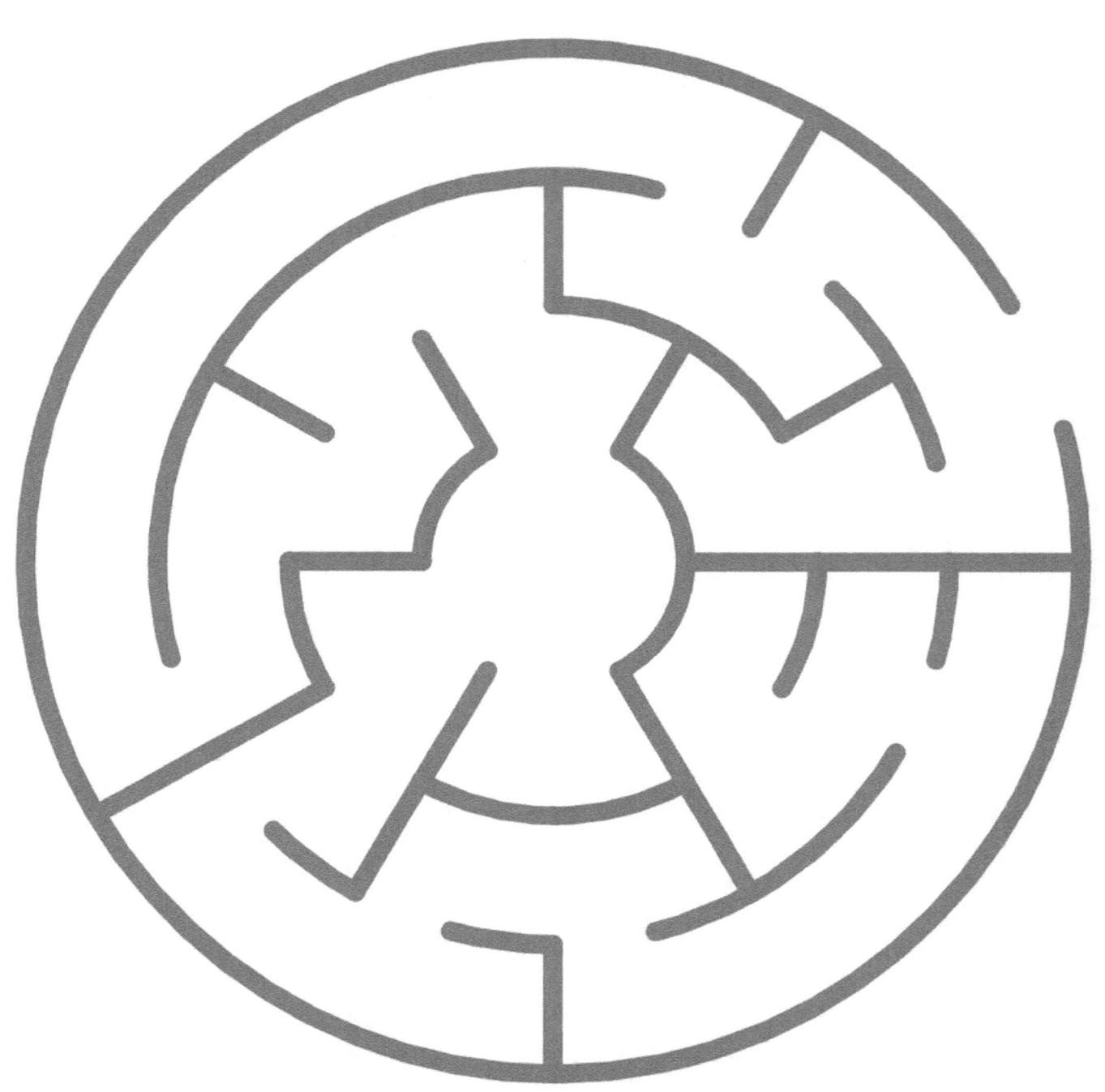

# Maze 44

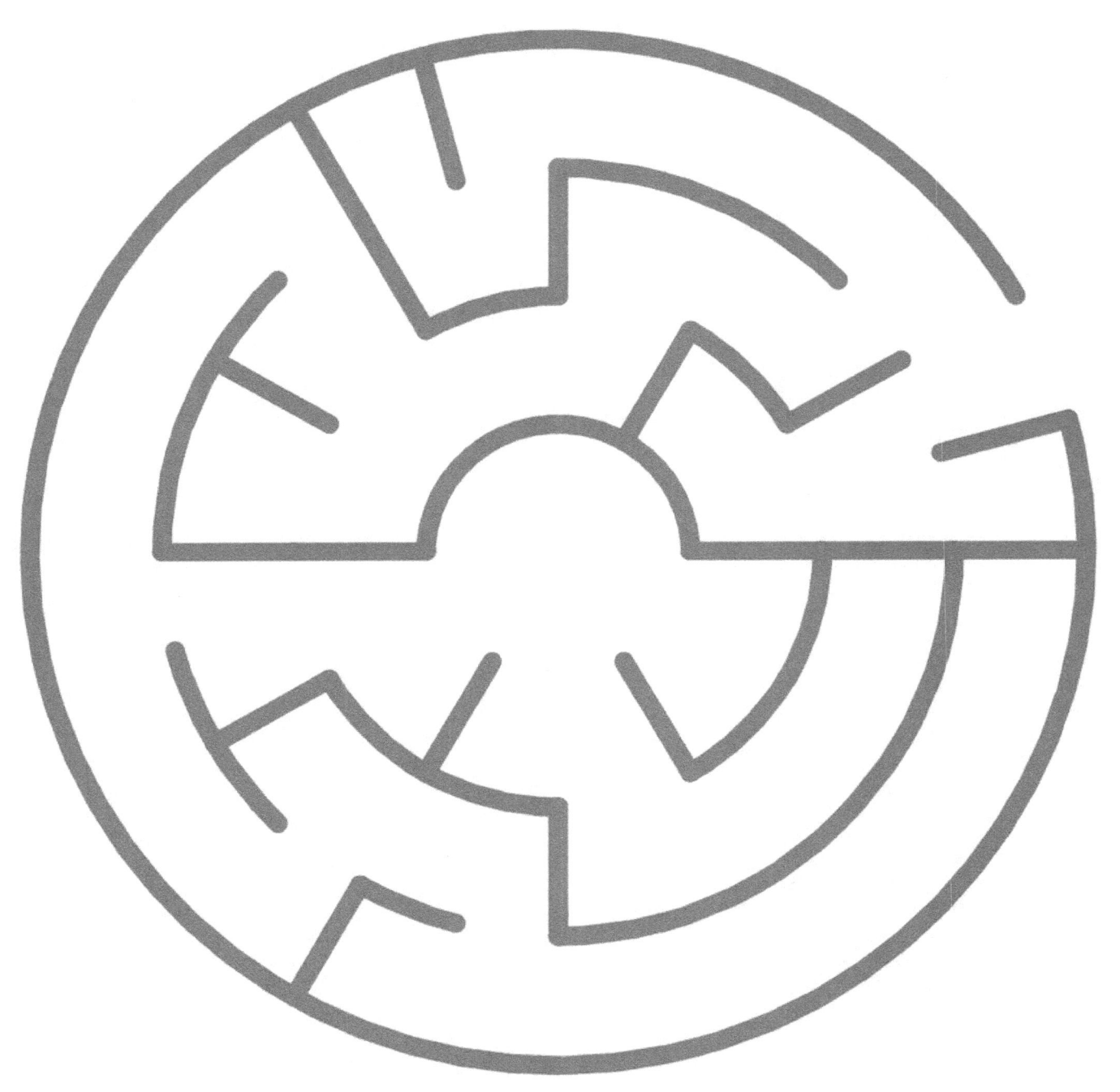

# Maze 45

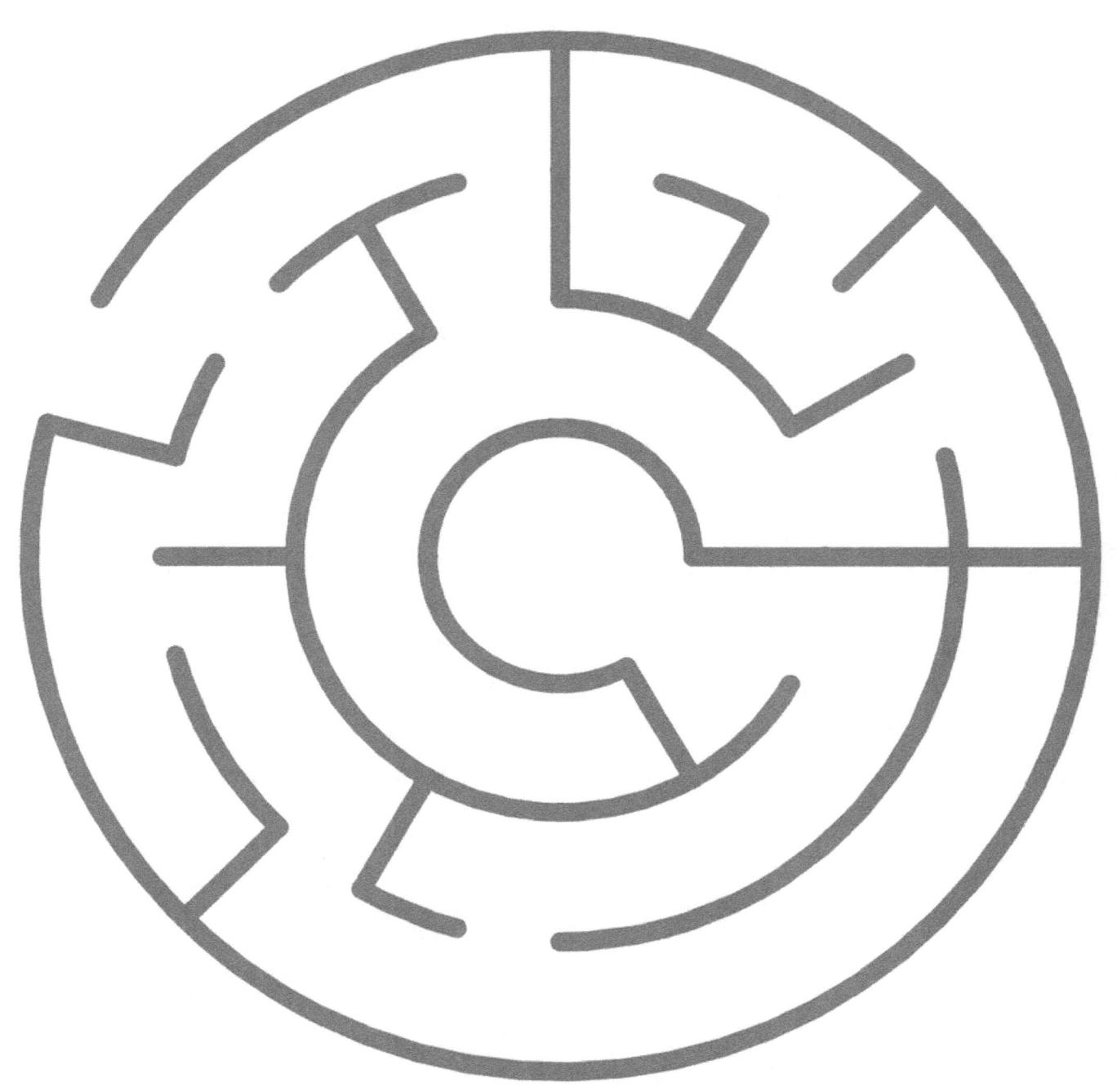

# Maze 46

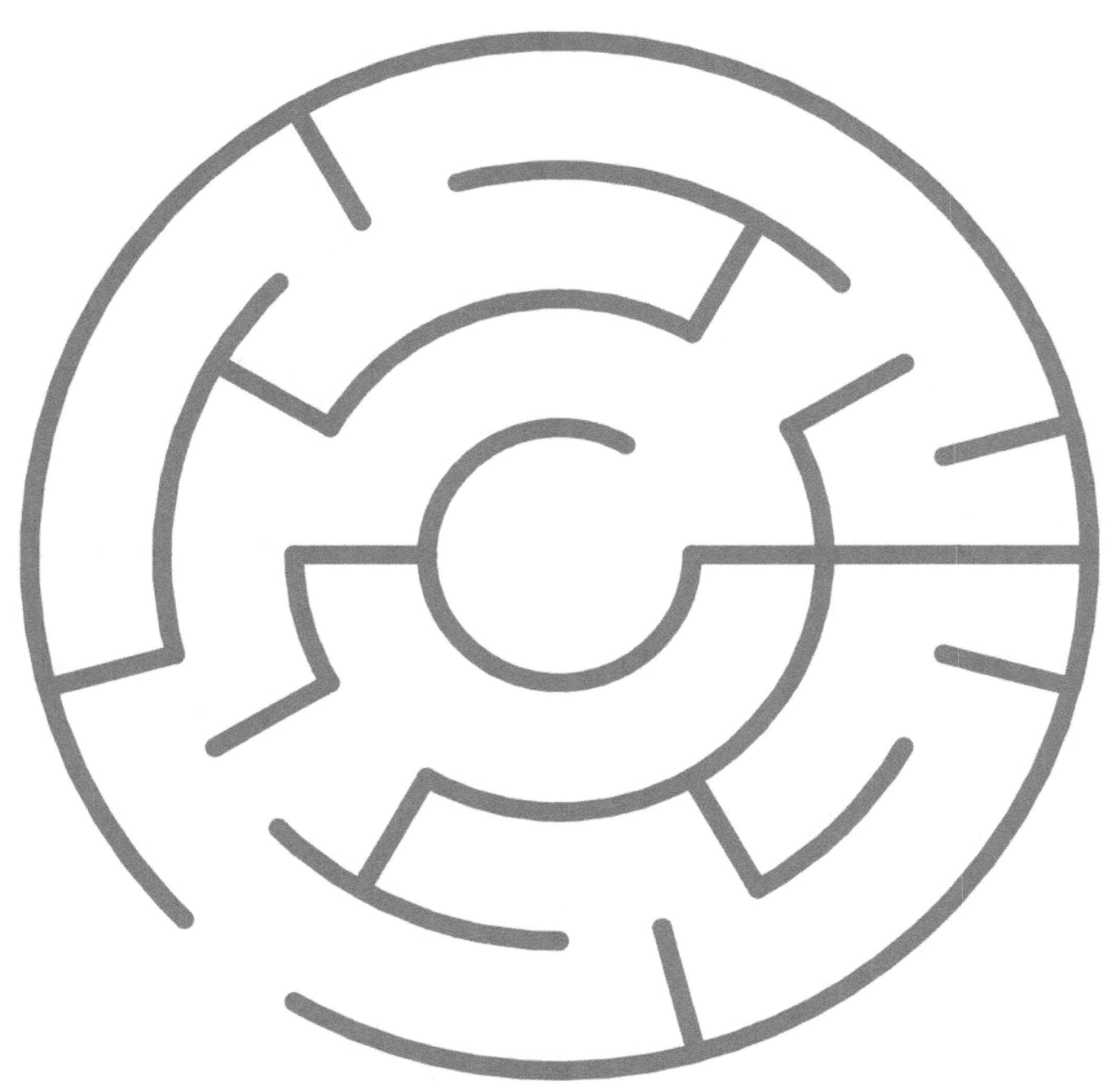

# Maze 47

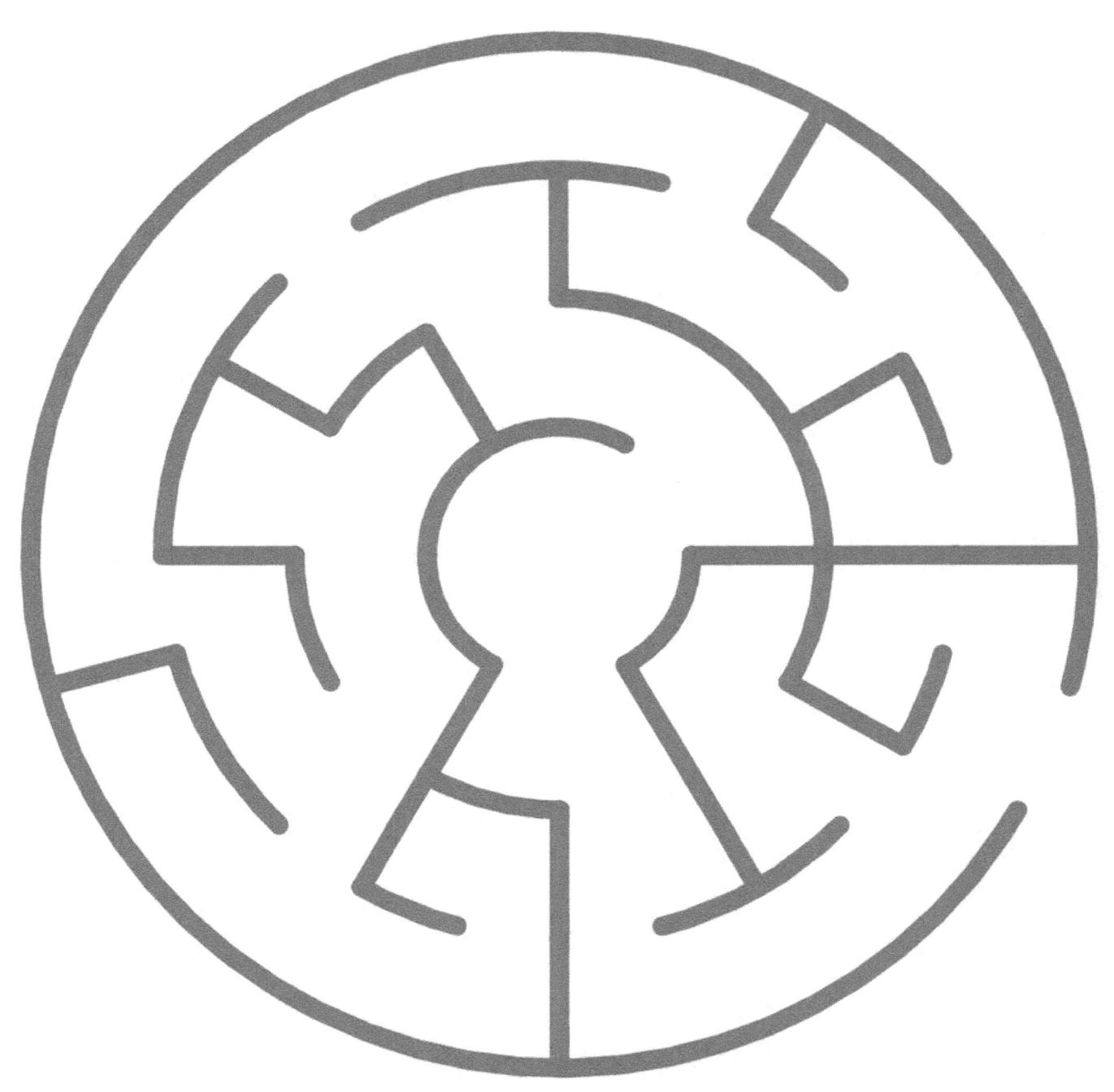

# Maze 48

# Maze 49

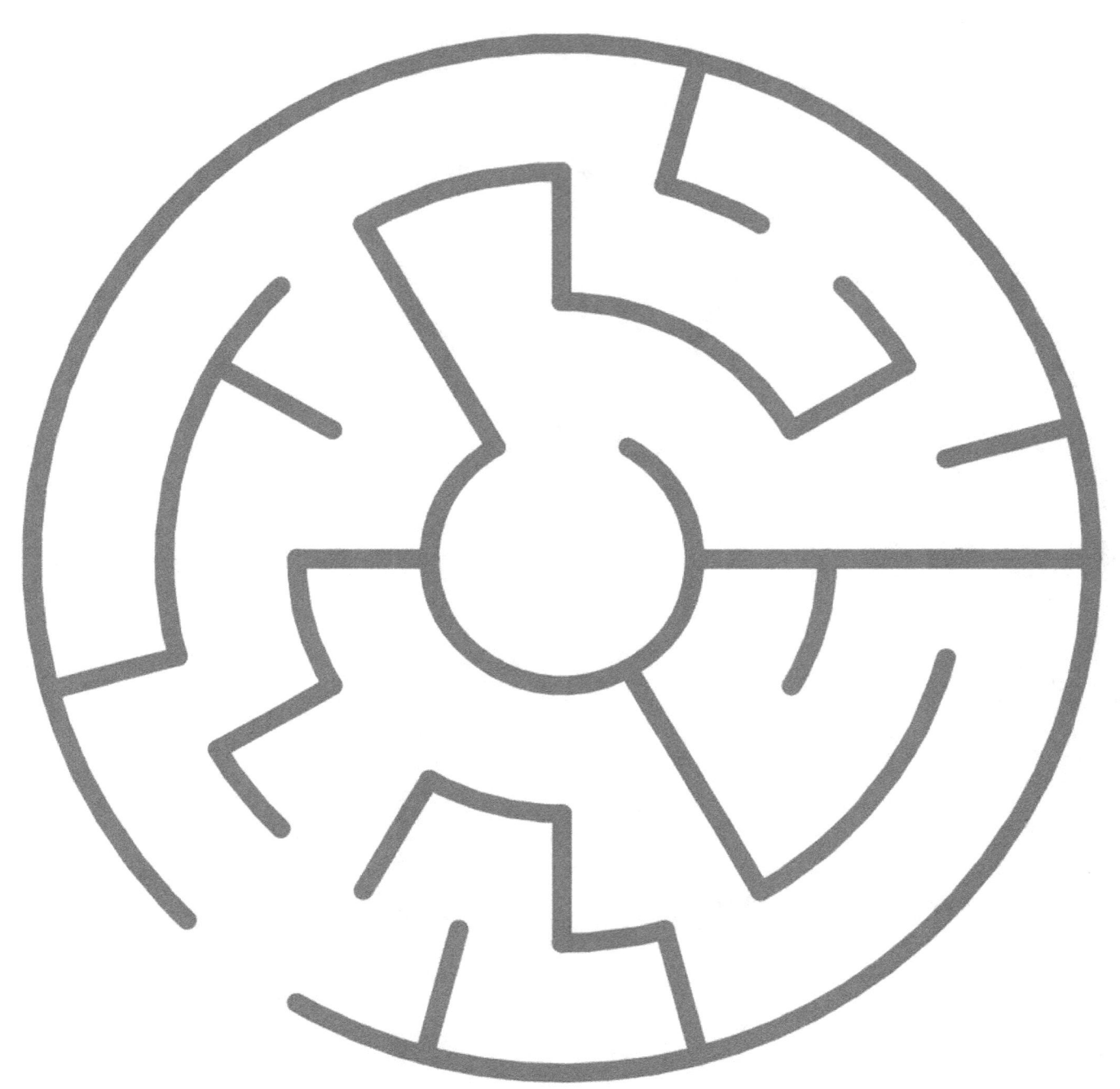

# Maze 50

# Level 2

# Medium Mazes

# Maze 51

# Maze 52

# Maze 53

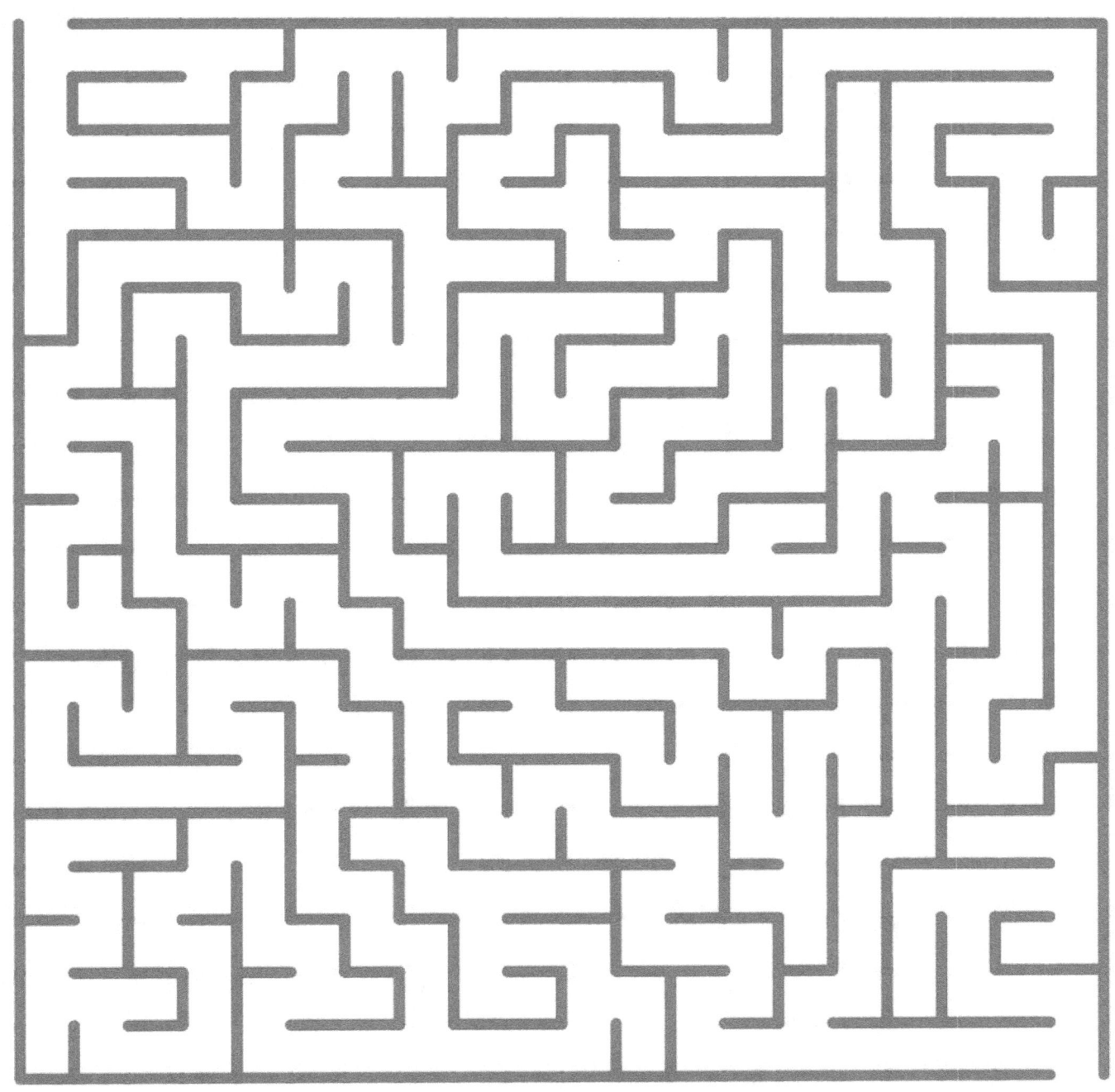

# Maze 54

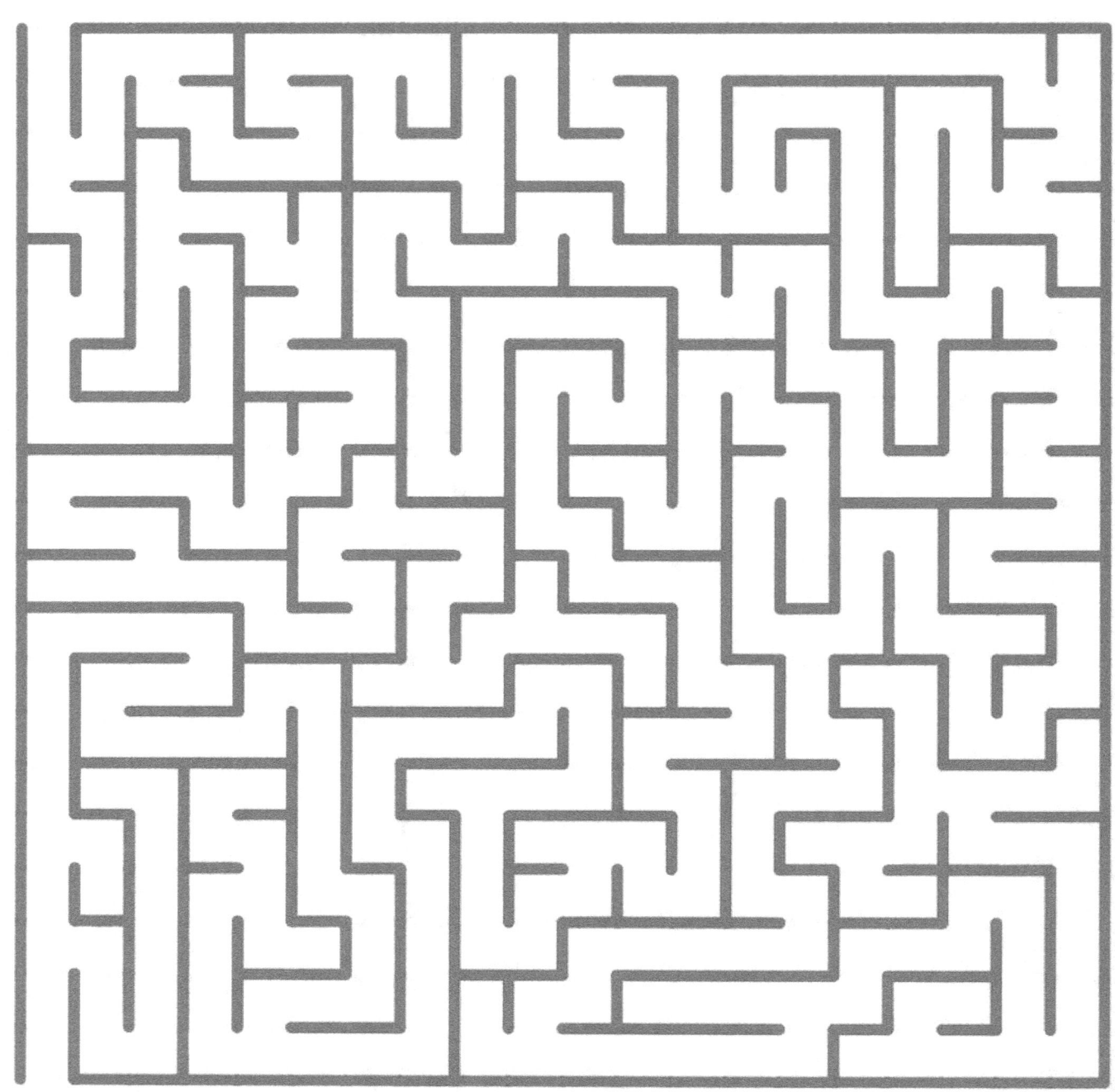

# Maze 55

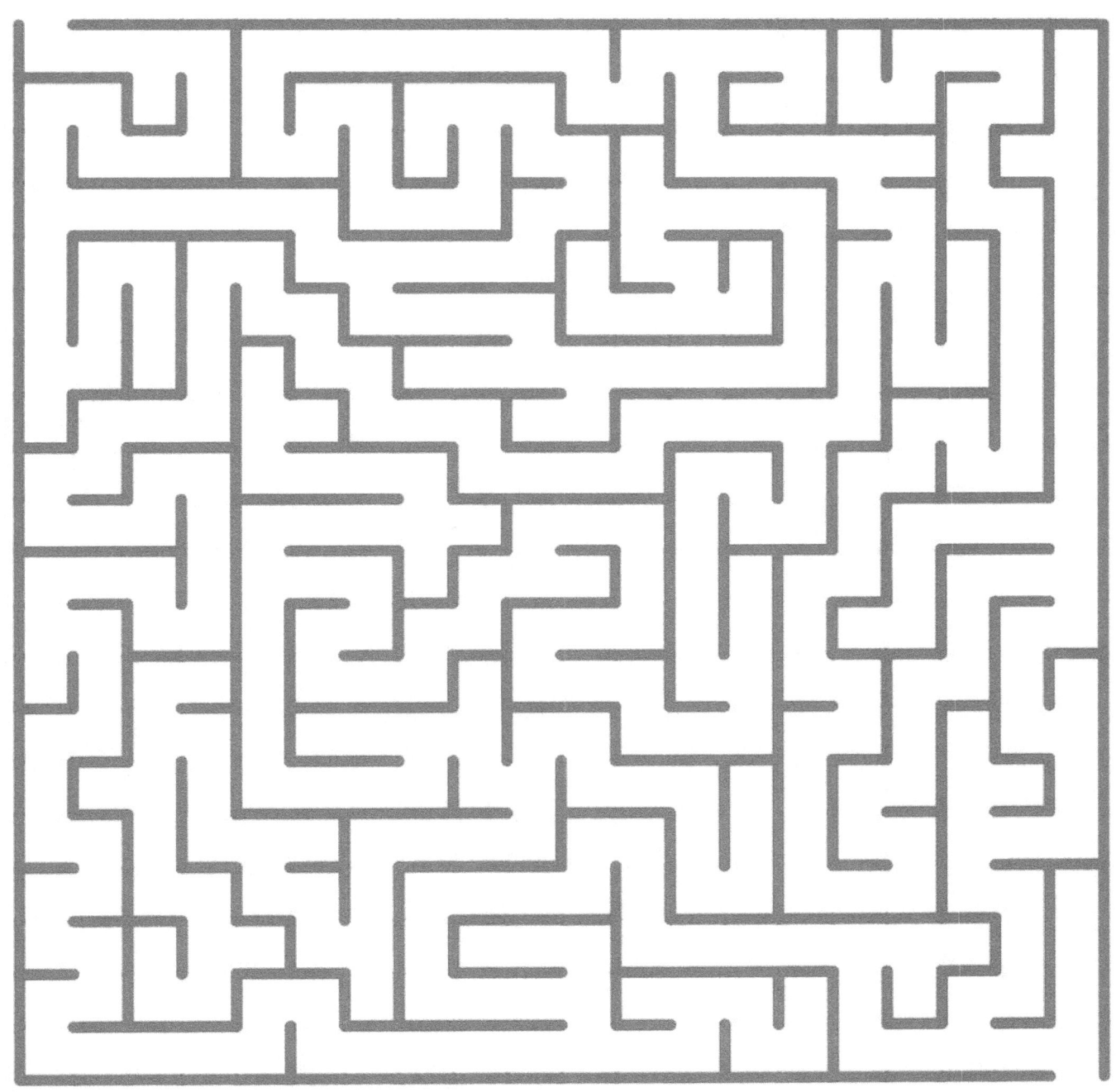

# Maze 56

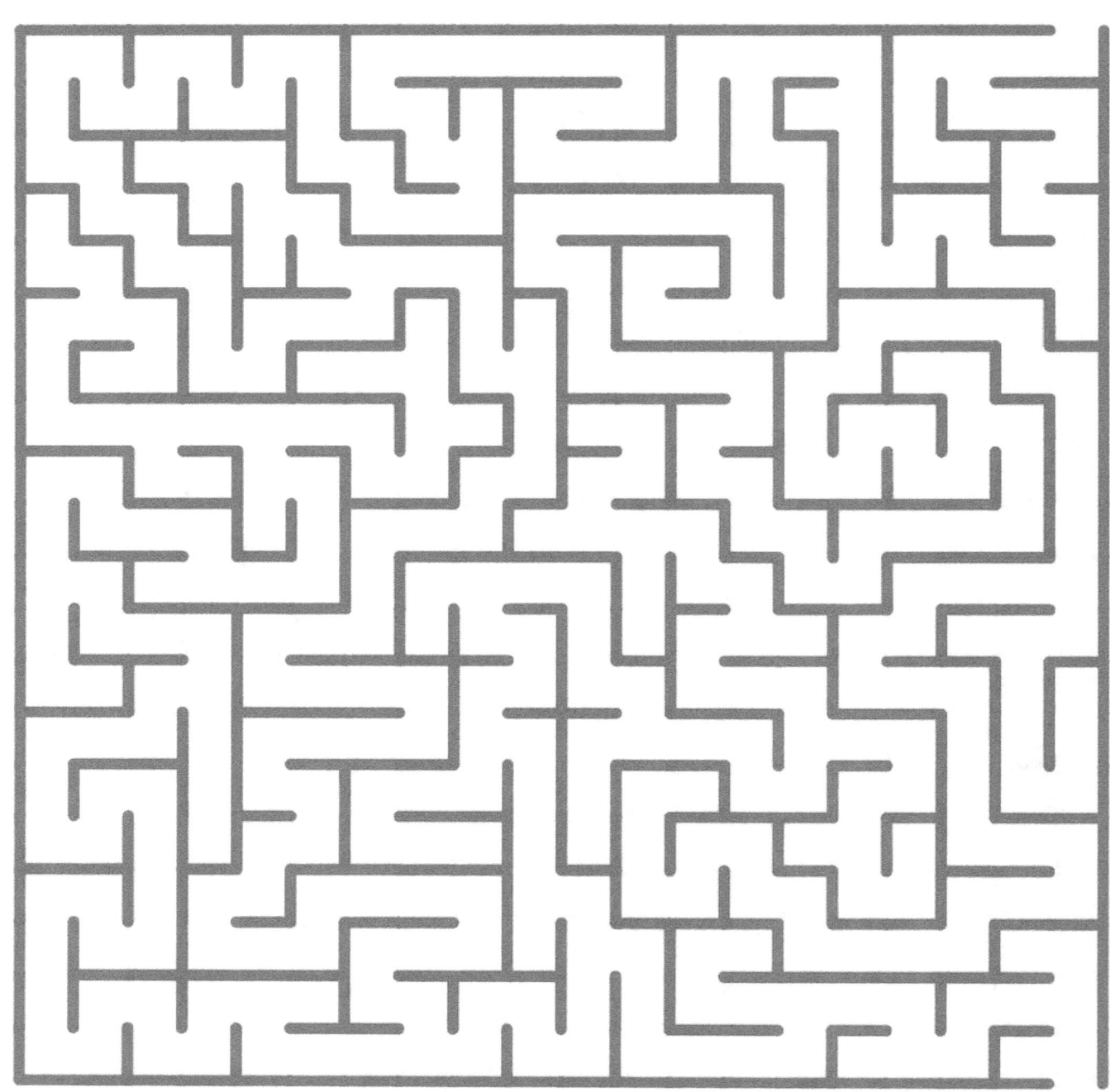

# Maze 57

# Maze 58

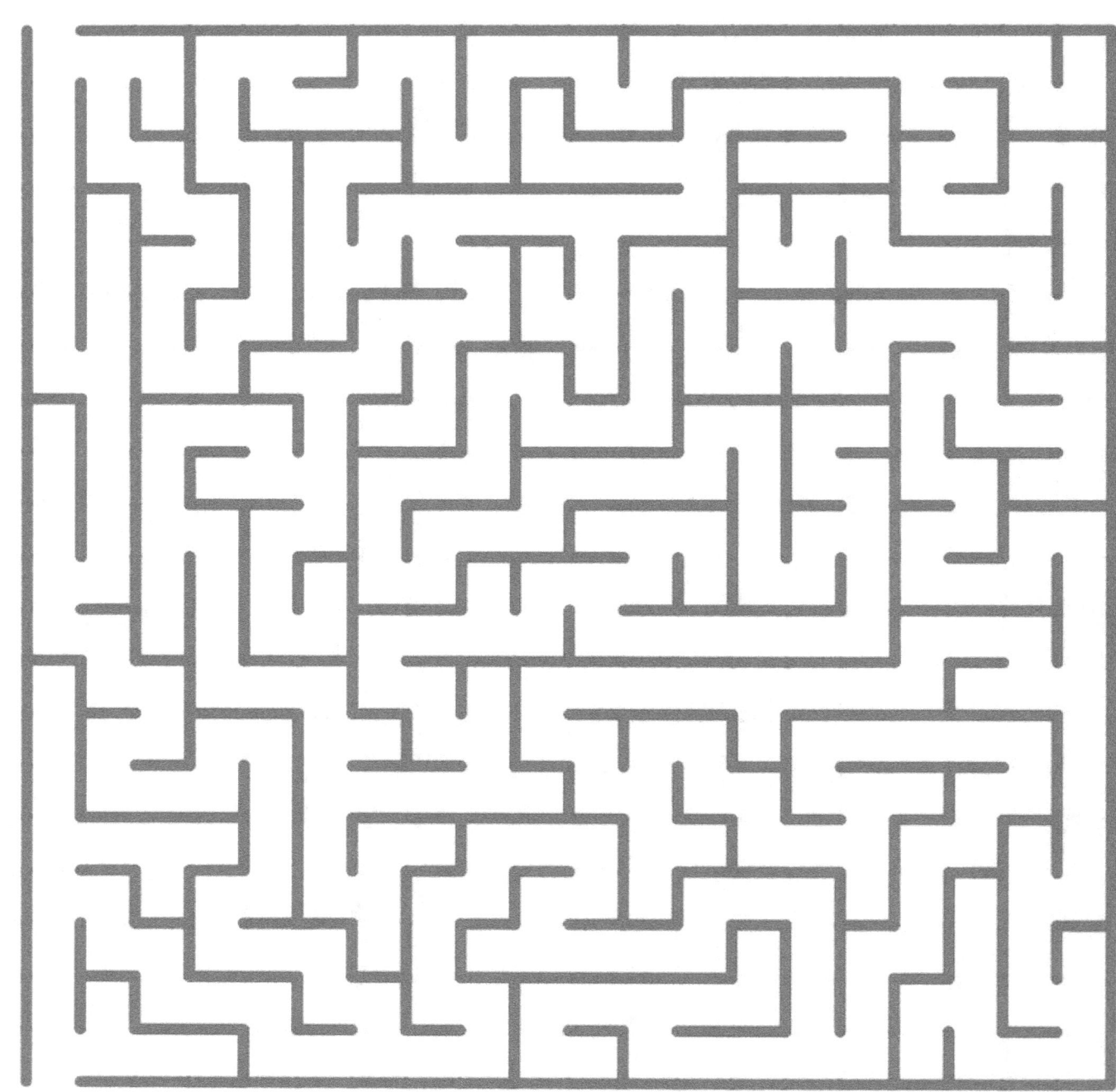

# Maze 59

# Maze 60

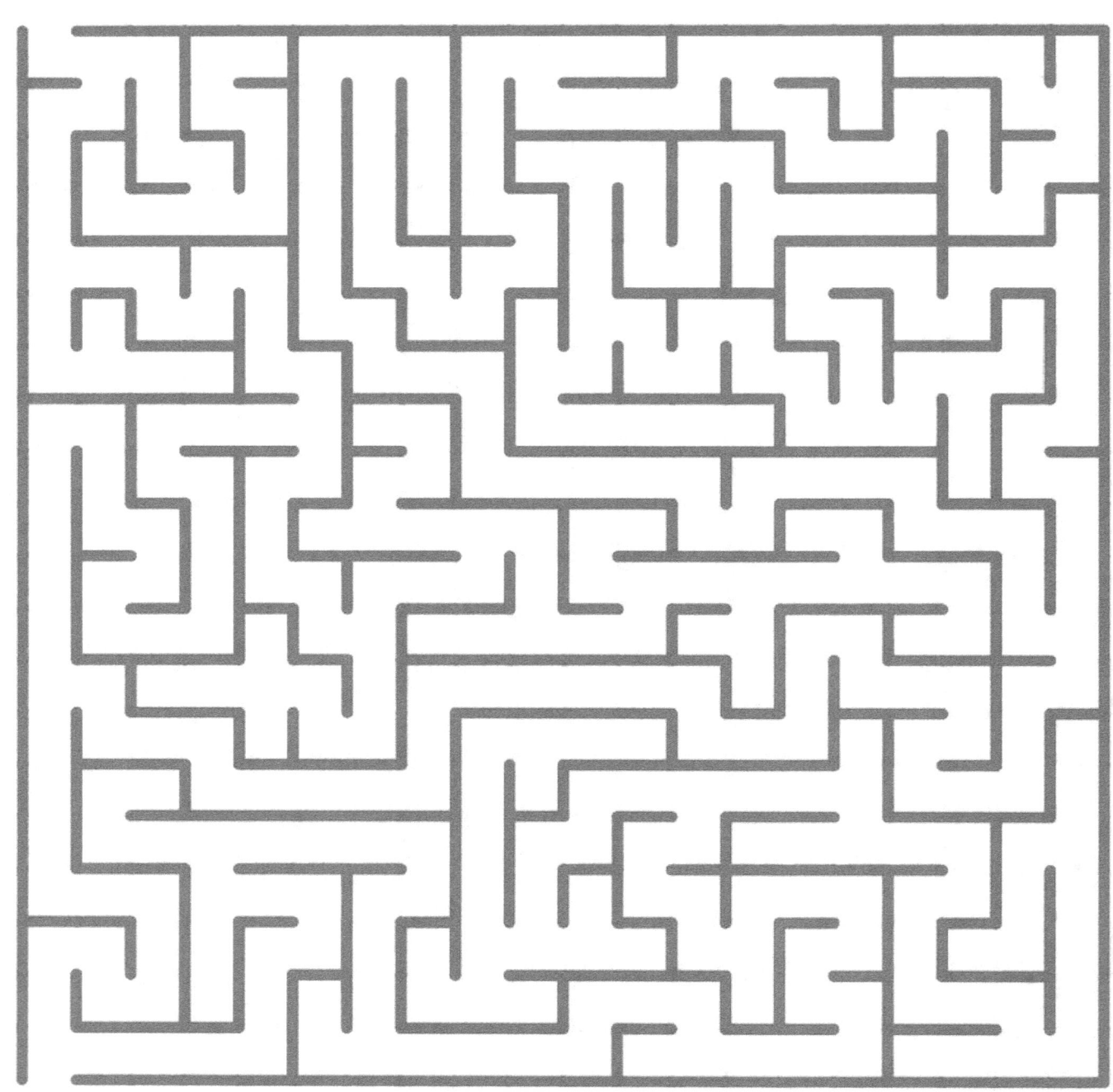

# Maze 61

# Maze 62

# Maze 63

# Maze 64

# Maze 65

# Maze 66

# Maze 67

# Maze 68

# Maze 69

# Maze 70

# Maze 71

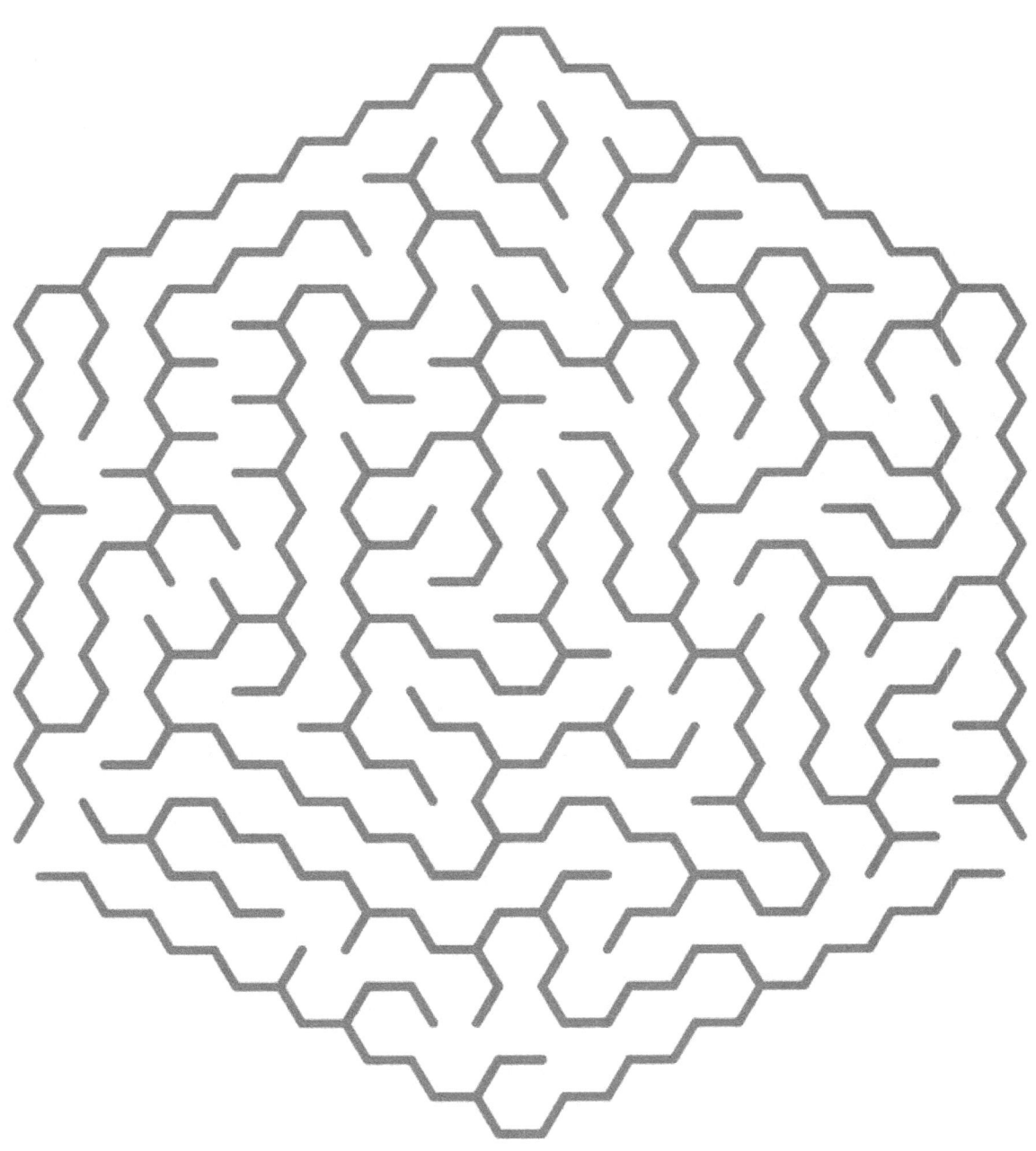

# Maze 72

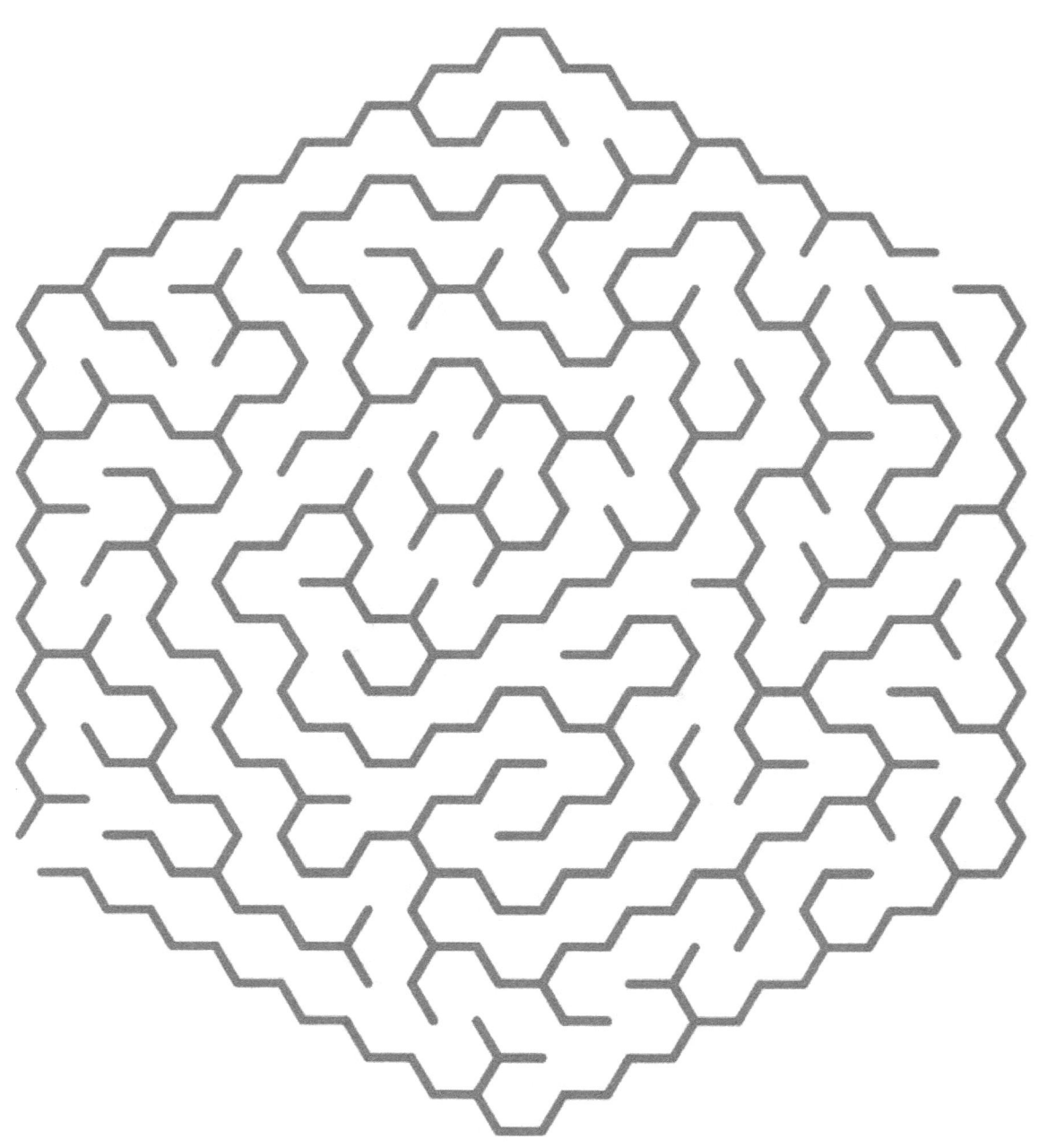

# Maze 73

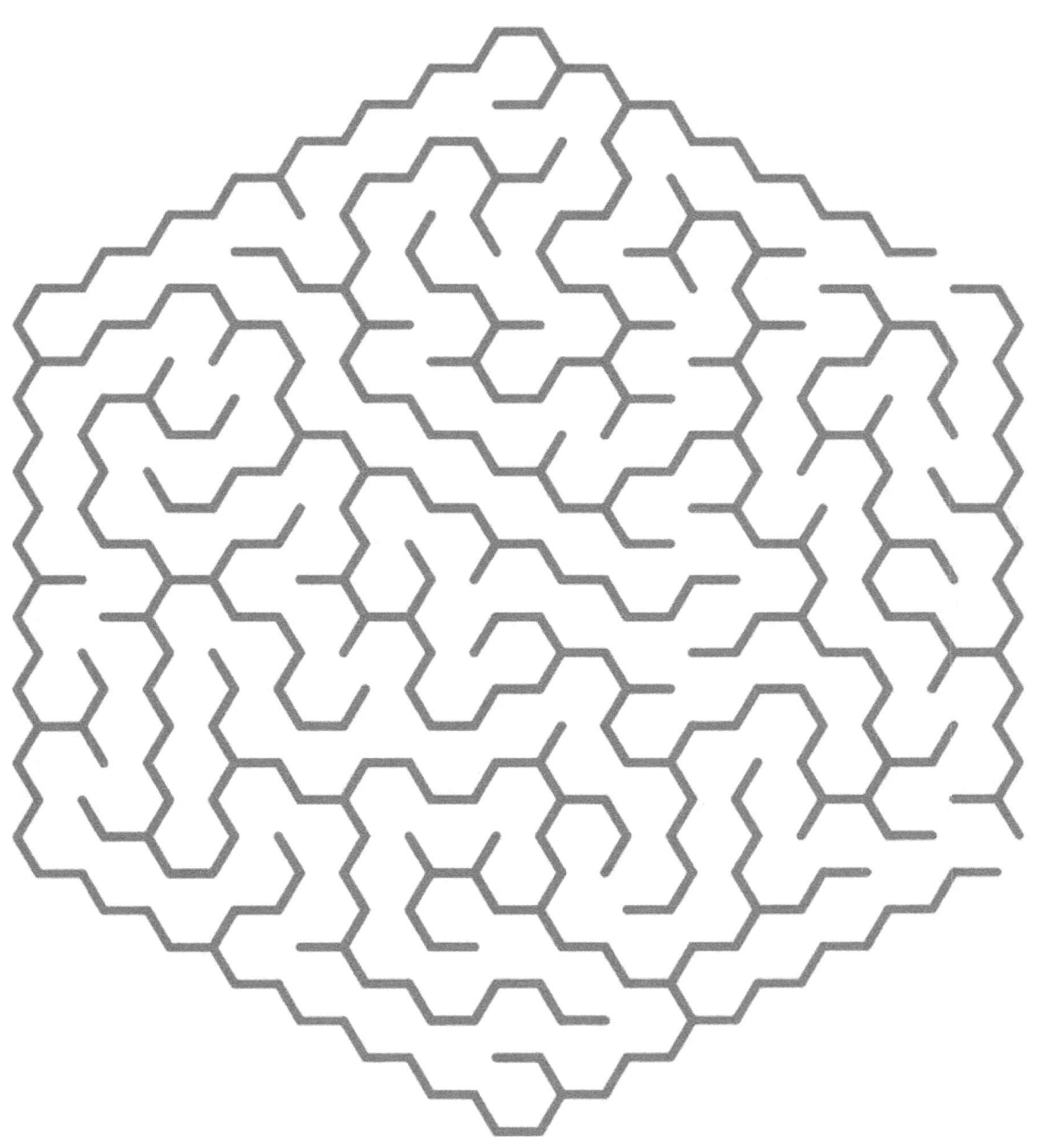

# Maze 74

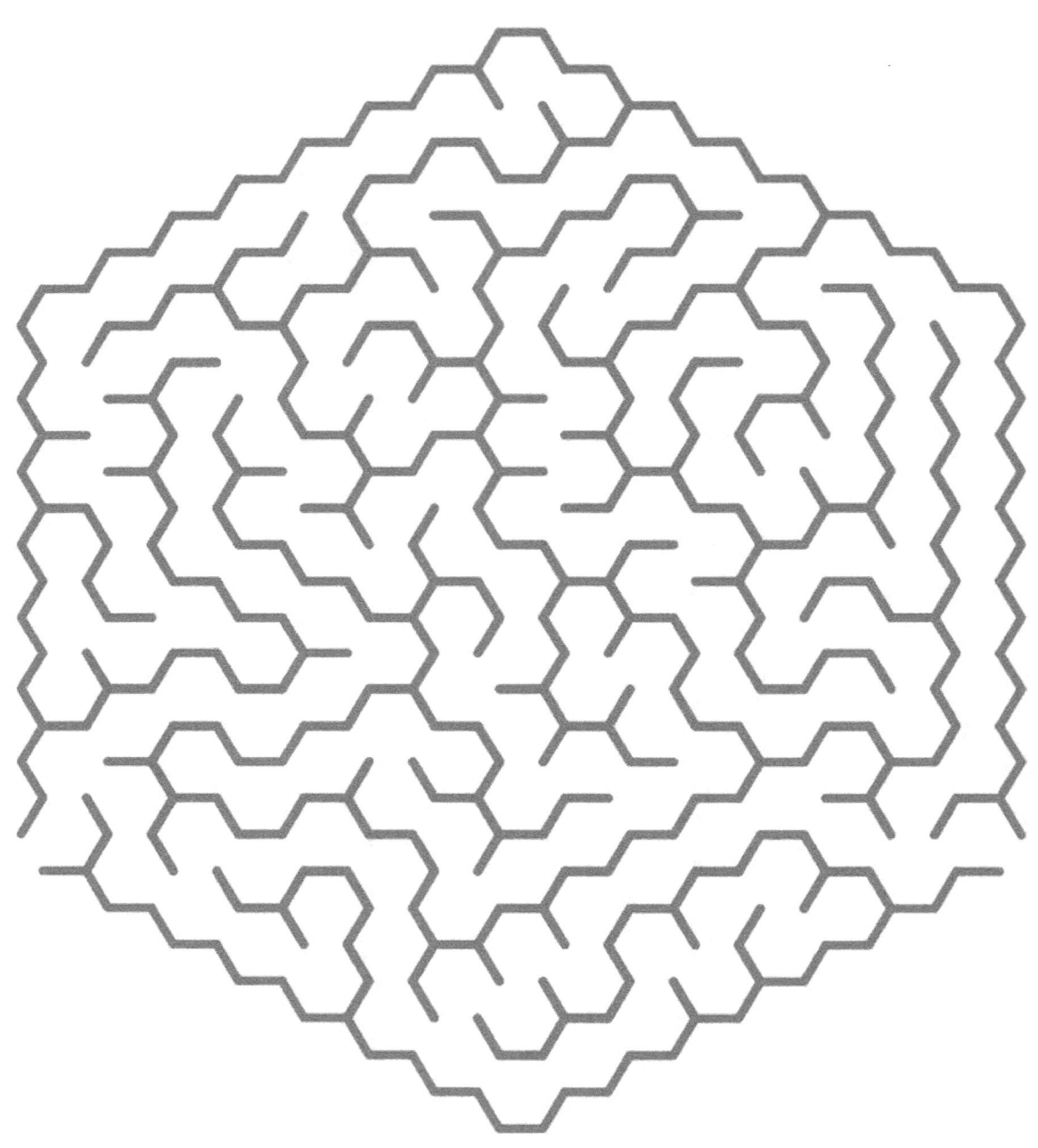

# Maze 75

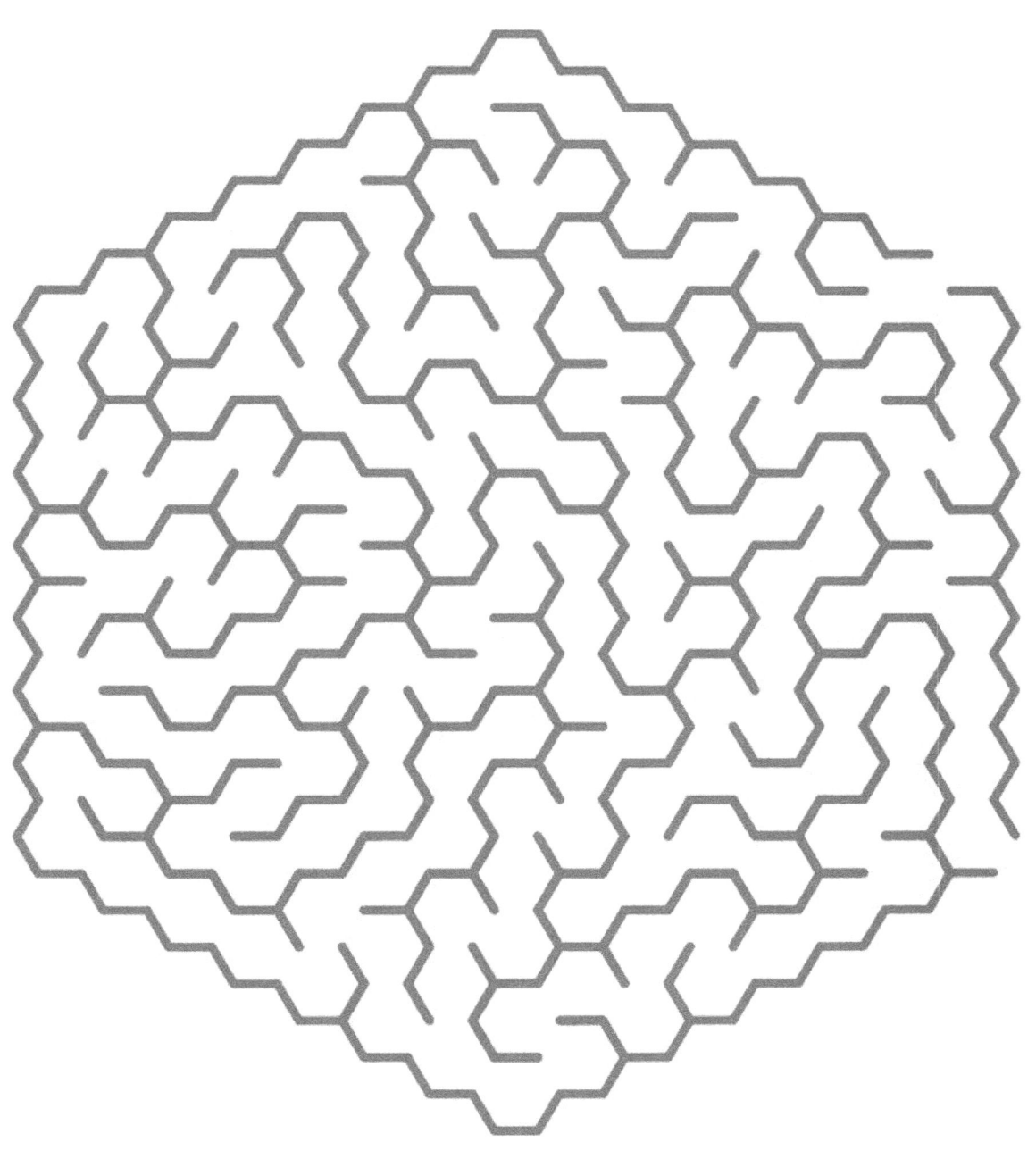

# Maze 76

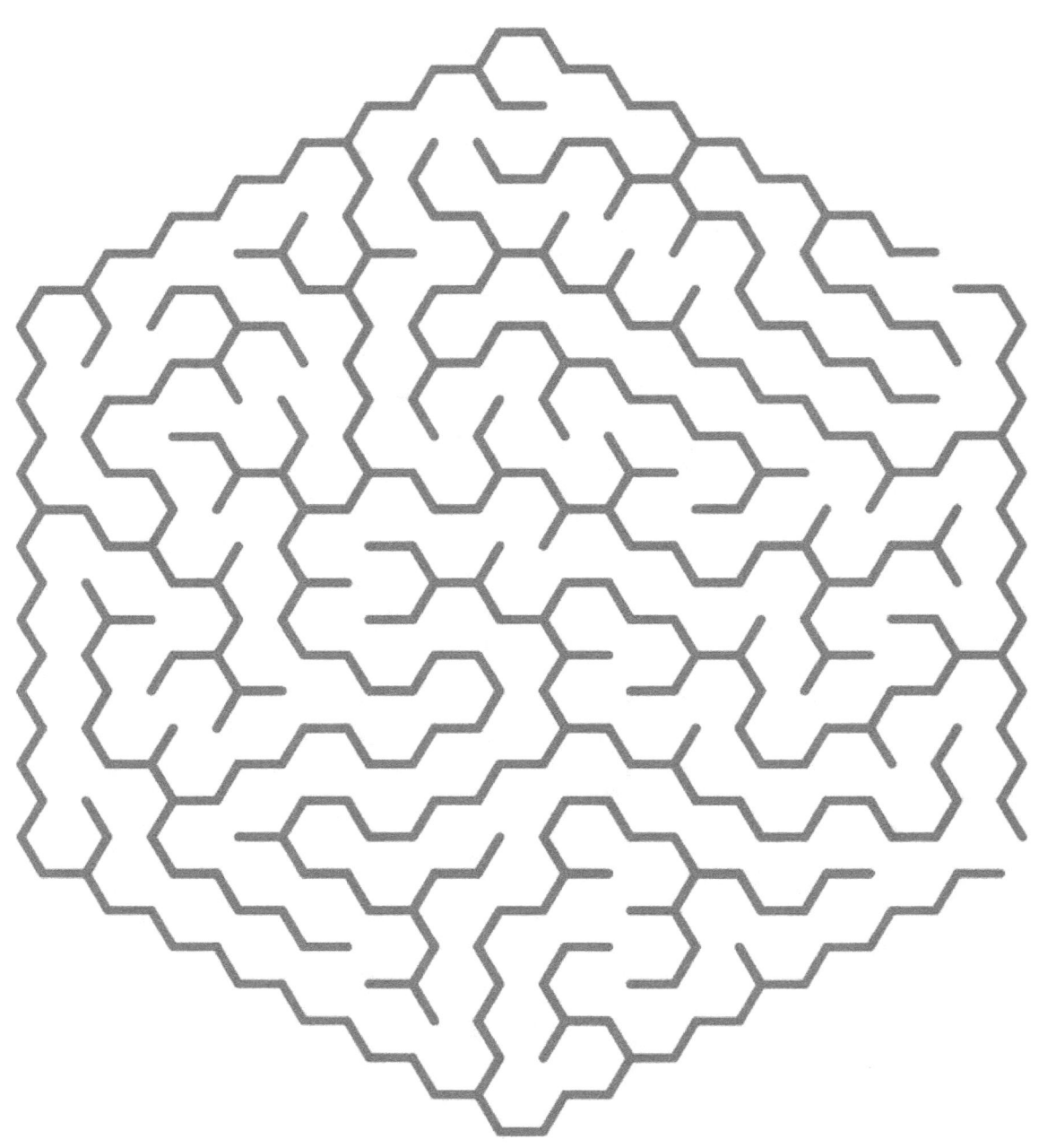

# Maze 77

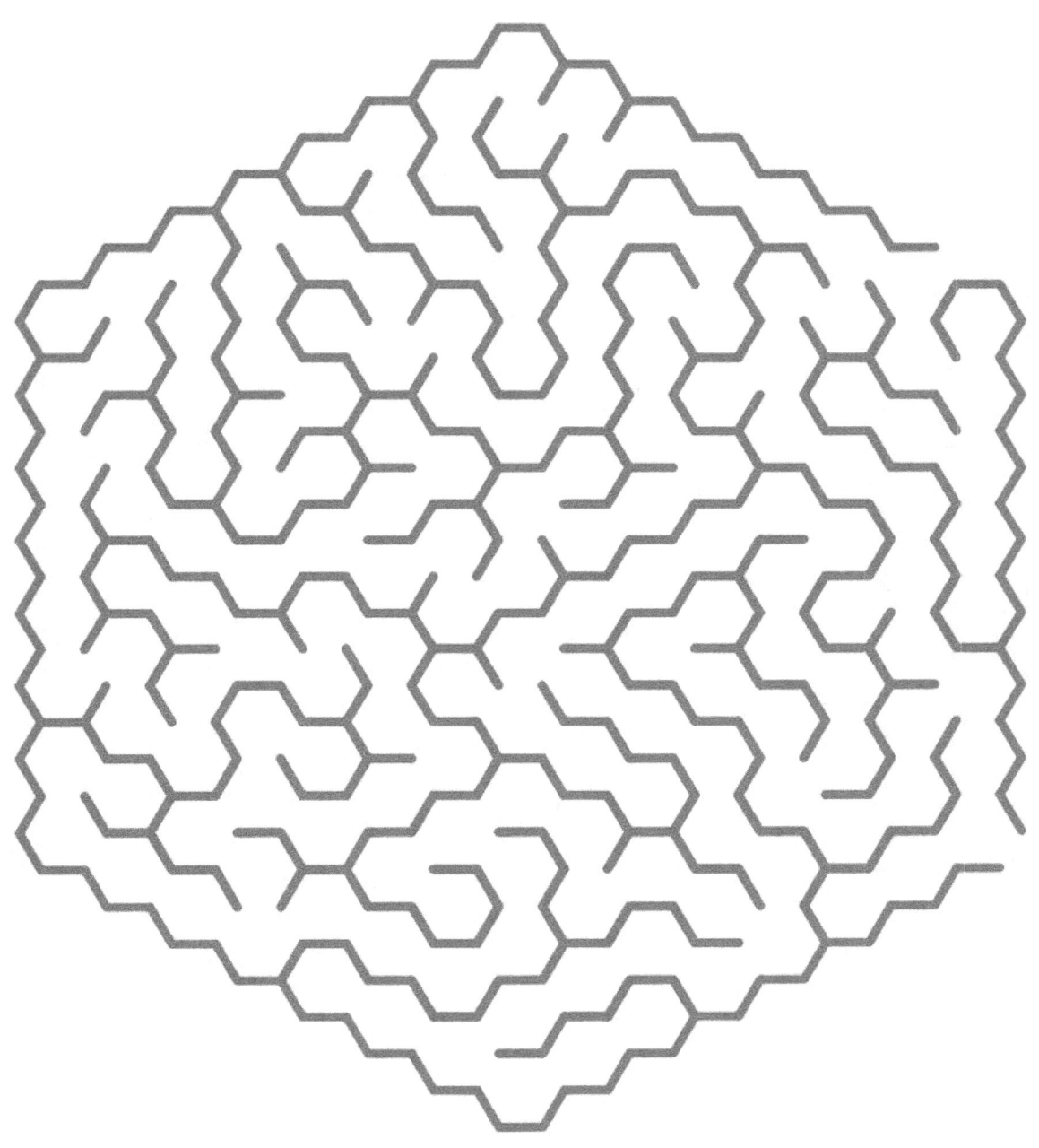

# Maze 78

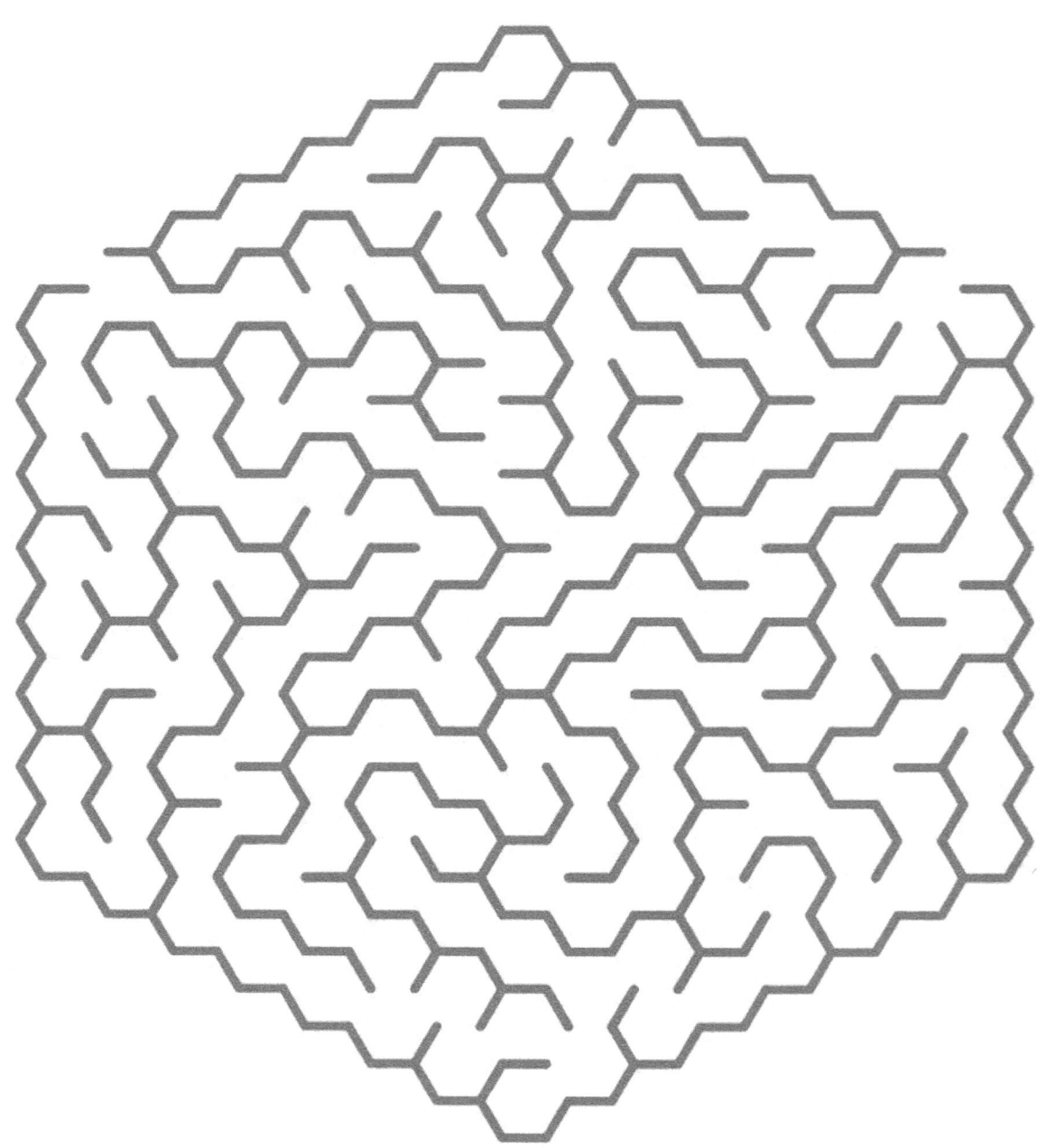

# Maze 79

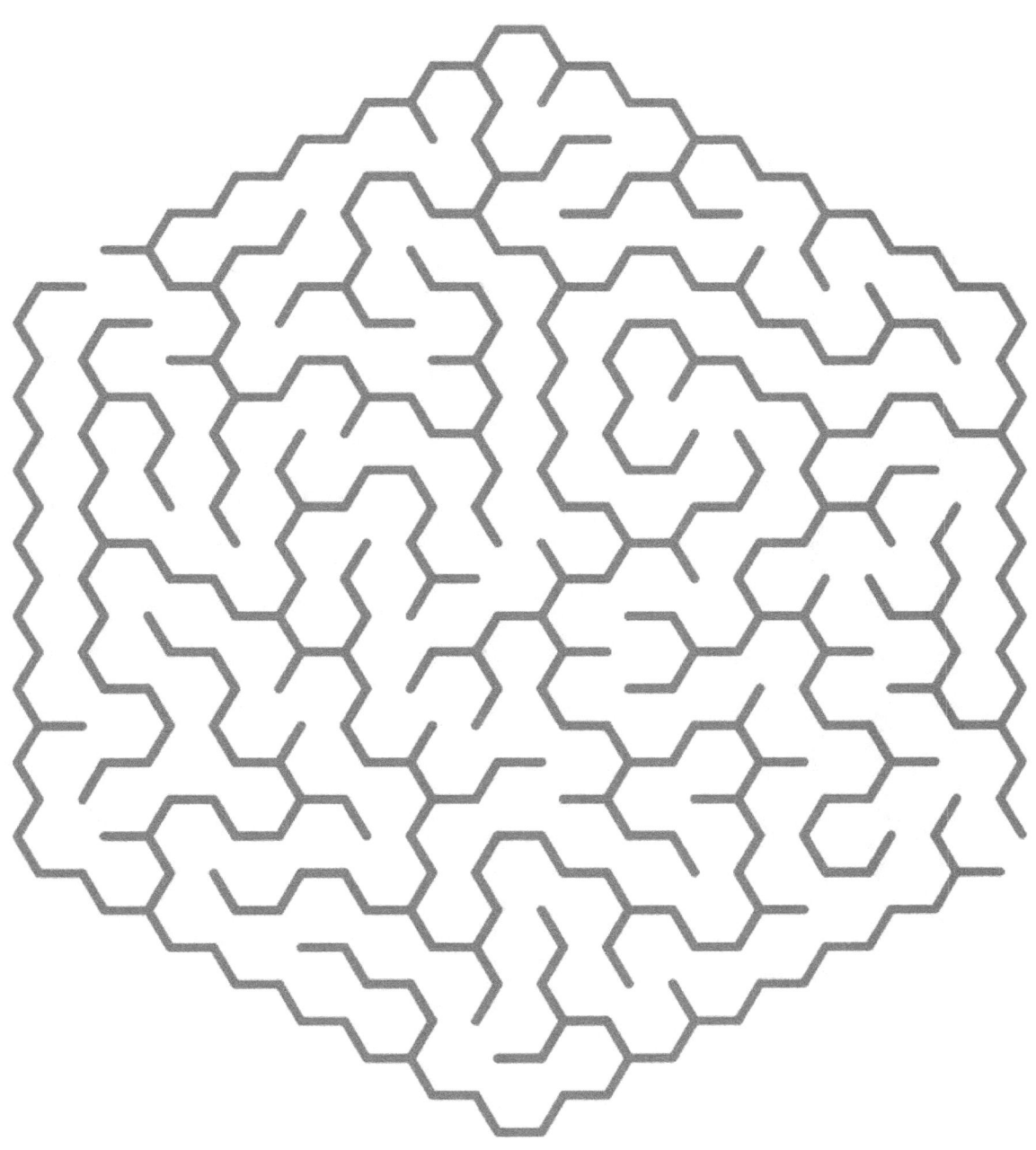

# Maze 80

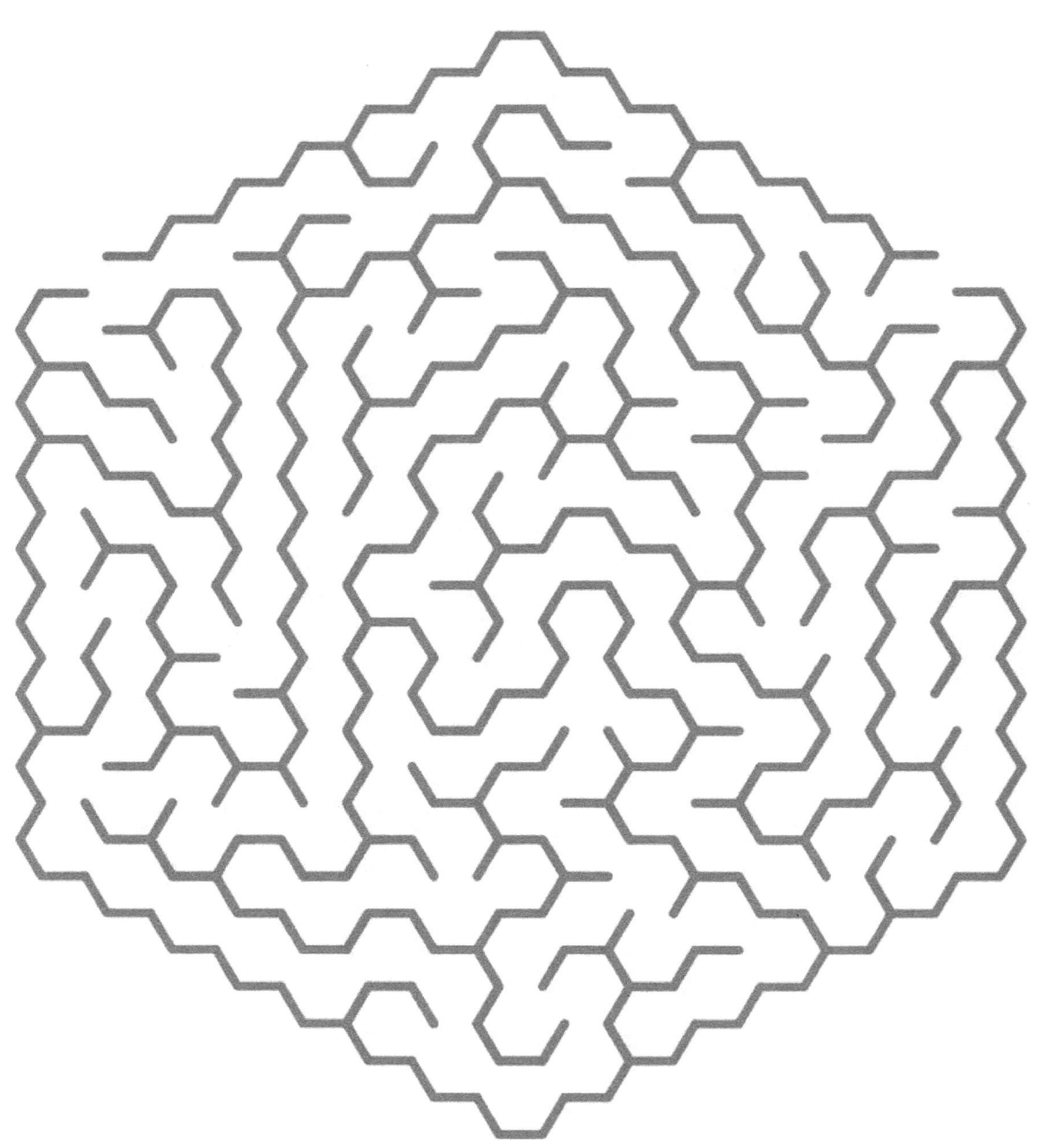

# Maze 81

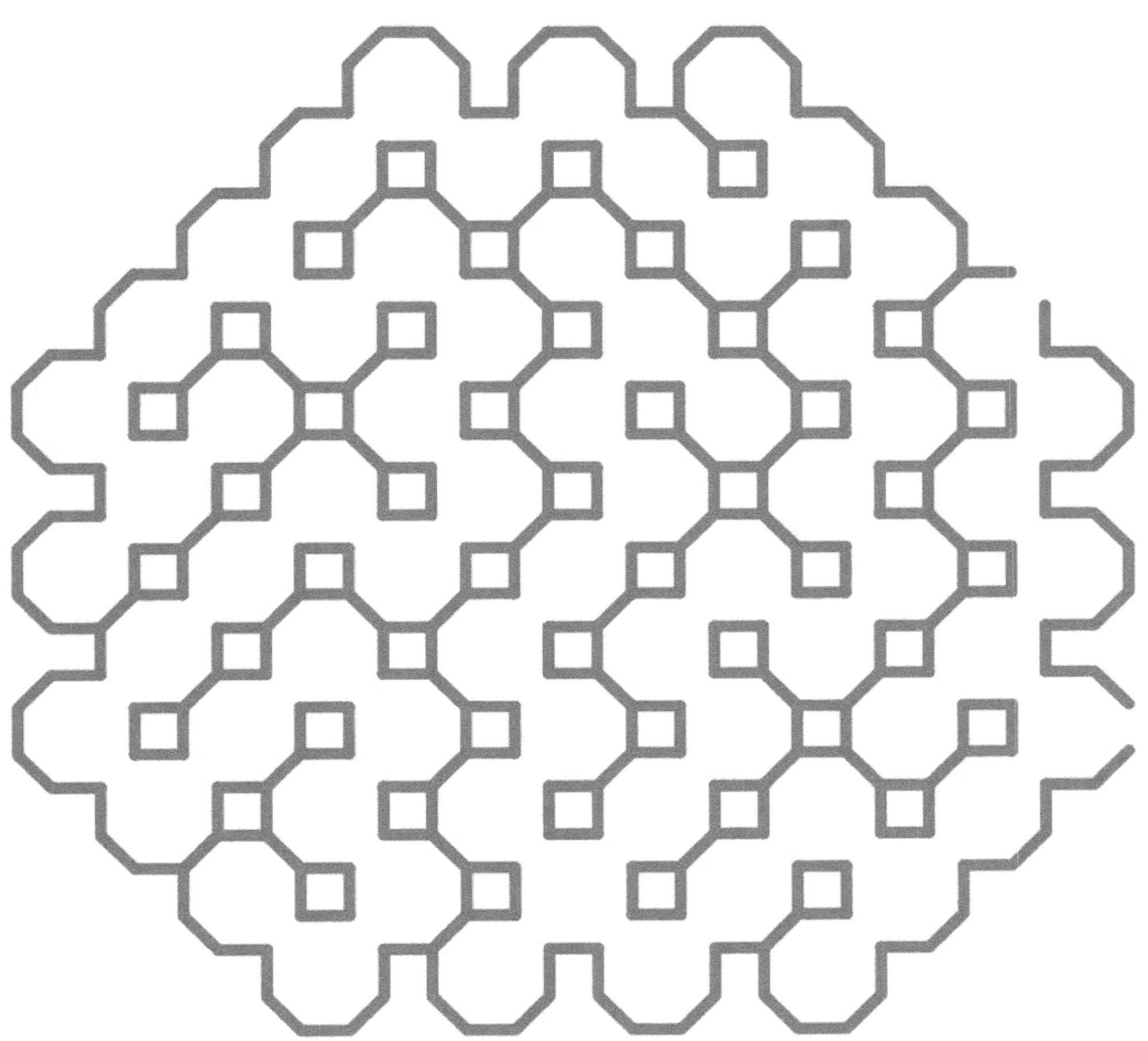

# Maze 82

# Maze 83

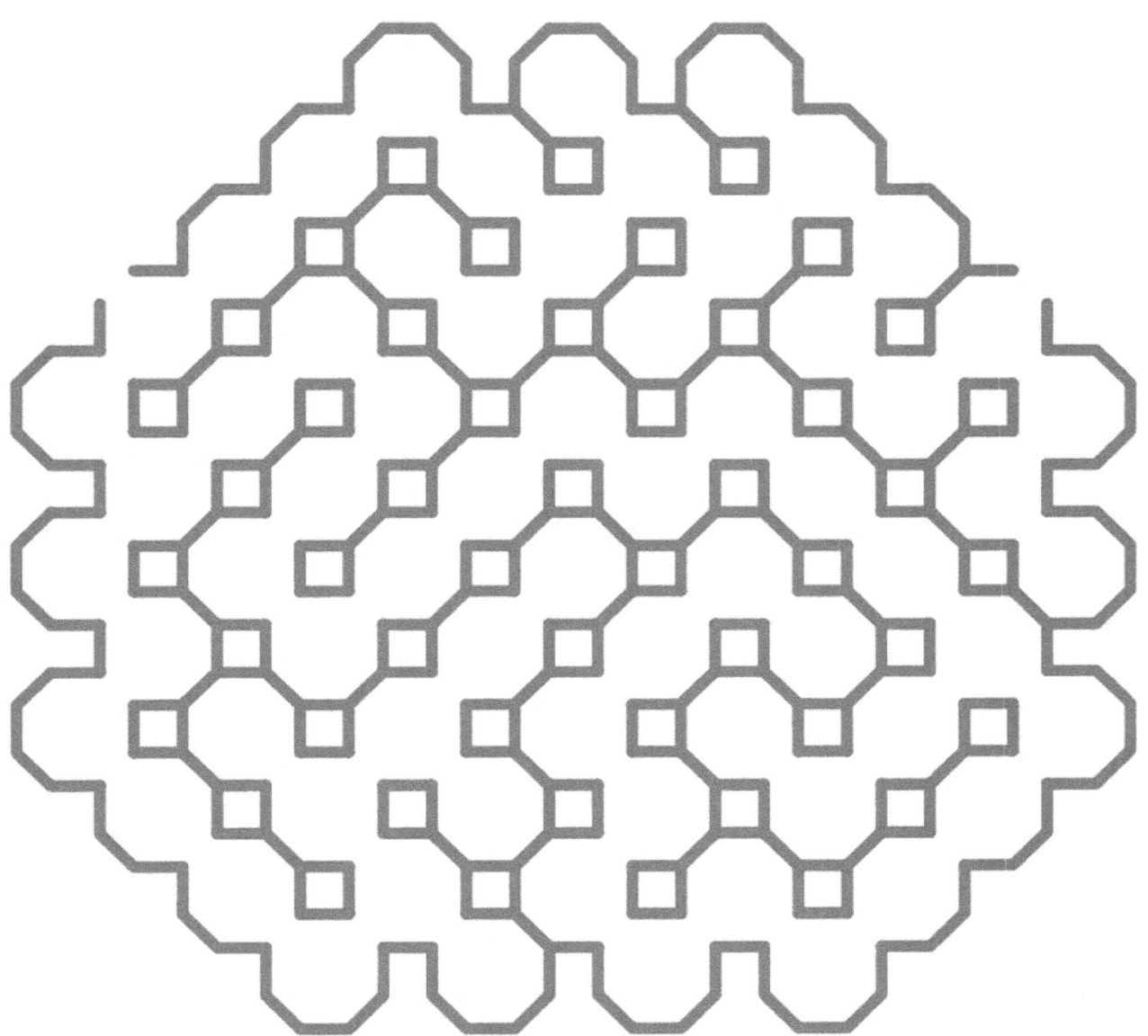

# Maze 84

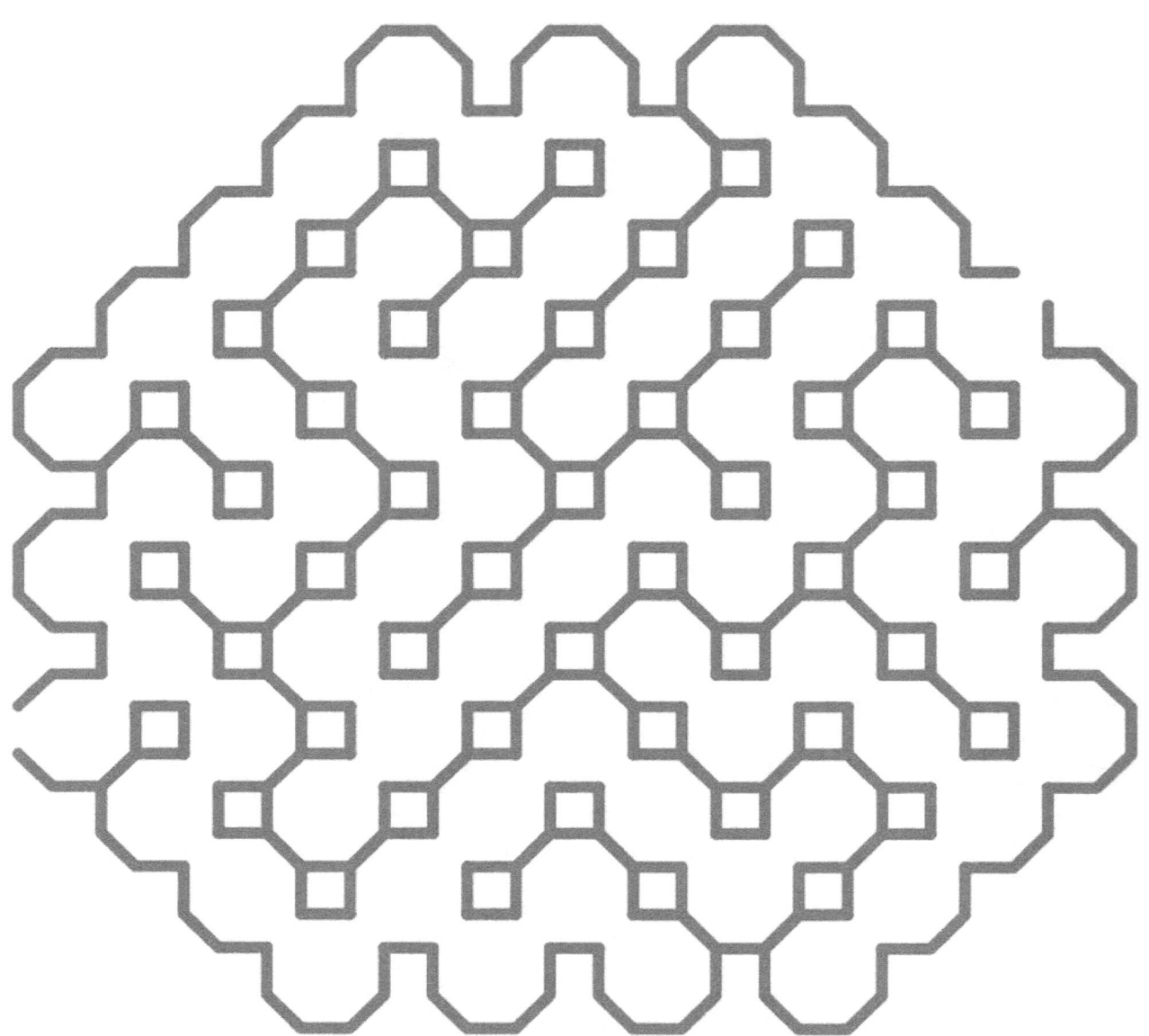

# Maze 85

# Maze 86

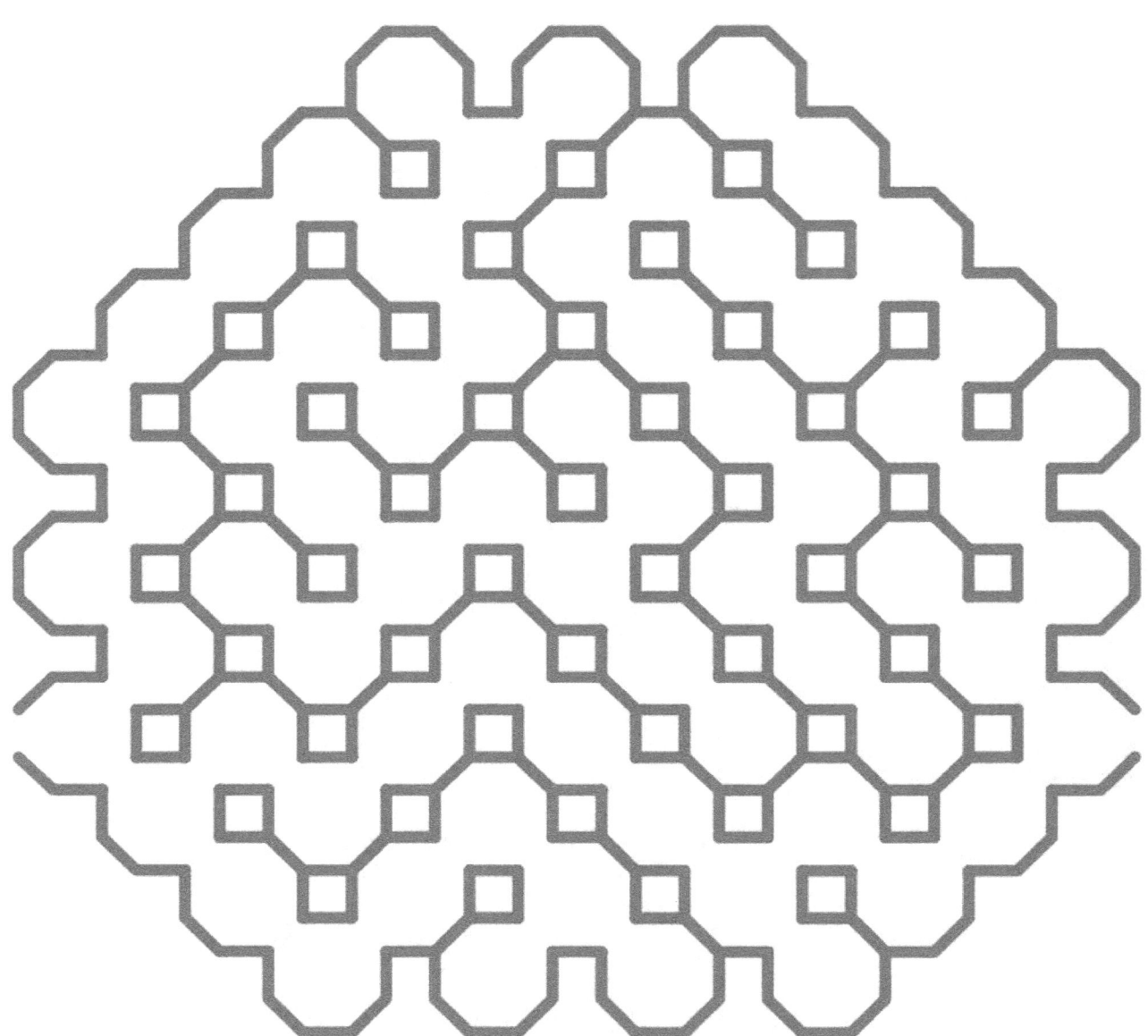

# Maze 87

# Maze 88

# Maze 89

# Maze 90

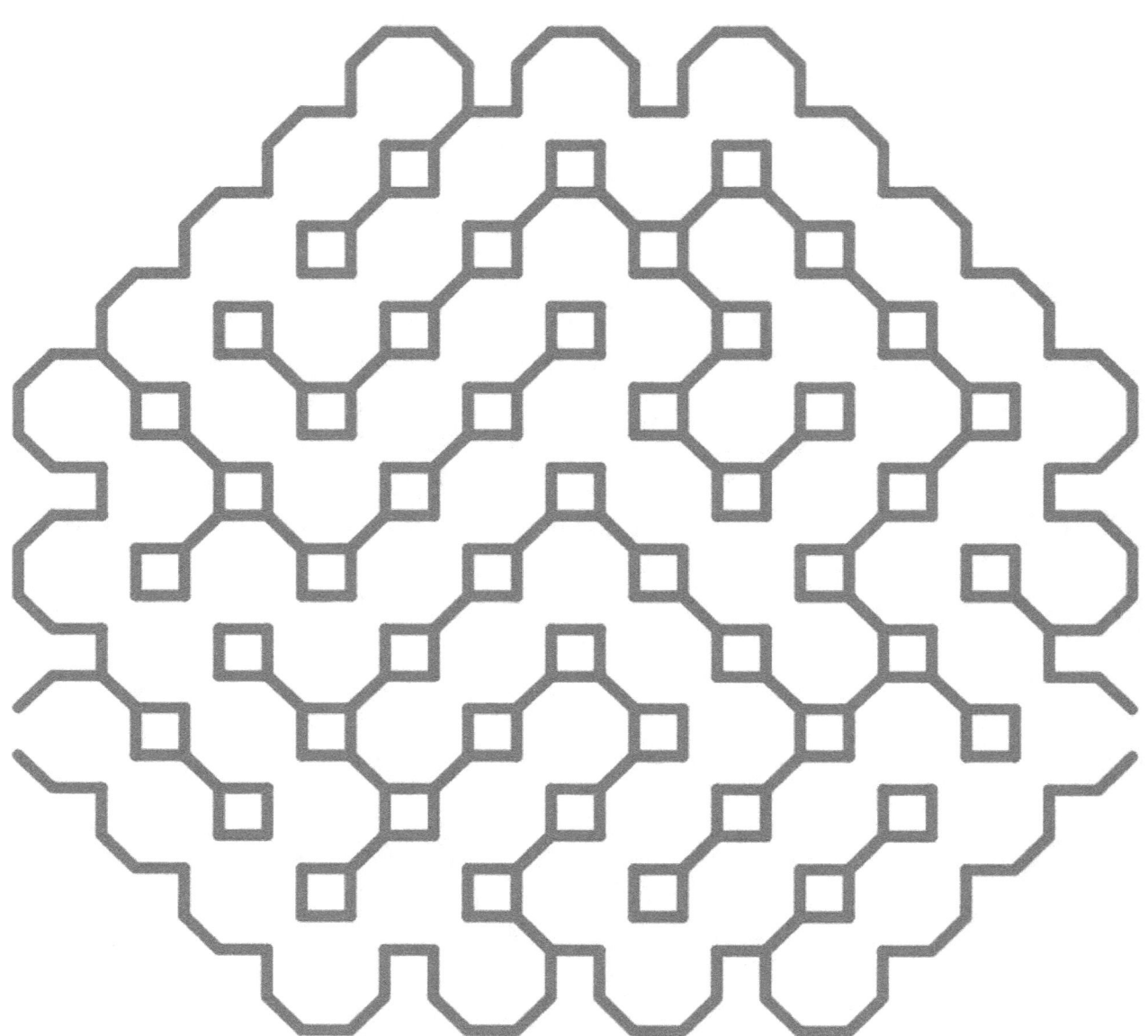

# Maze 91

# Maze 92

# Maze 93

# Maze 94

# Maze 95

# Maze 96

# Maze 97

# Maze 98

# Maze 99

# Maze 100

# Level 3

# Complex Mazes

# Maze 101

# Maze 102

# Maze 103

# Maze 104

# Maze 105

# Maze 106

# Maze 107

# Maze 108

# Maze 109

# Maze 110

# Maze 111

# Maze 112

# Maze 113

# Maze 114

# Maze 115

# Maze 116

# Maze 117

# Maze 118

# Maze 119

# Maze 120

# Maze 121

# Maze 122

# Maze 123

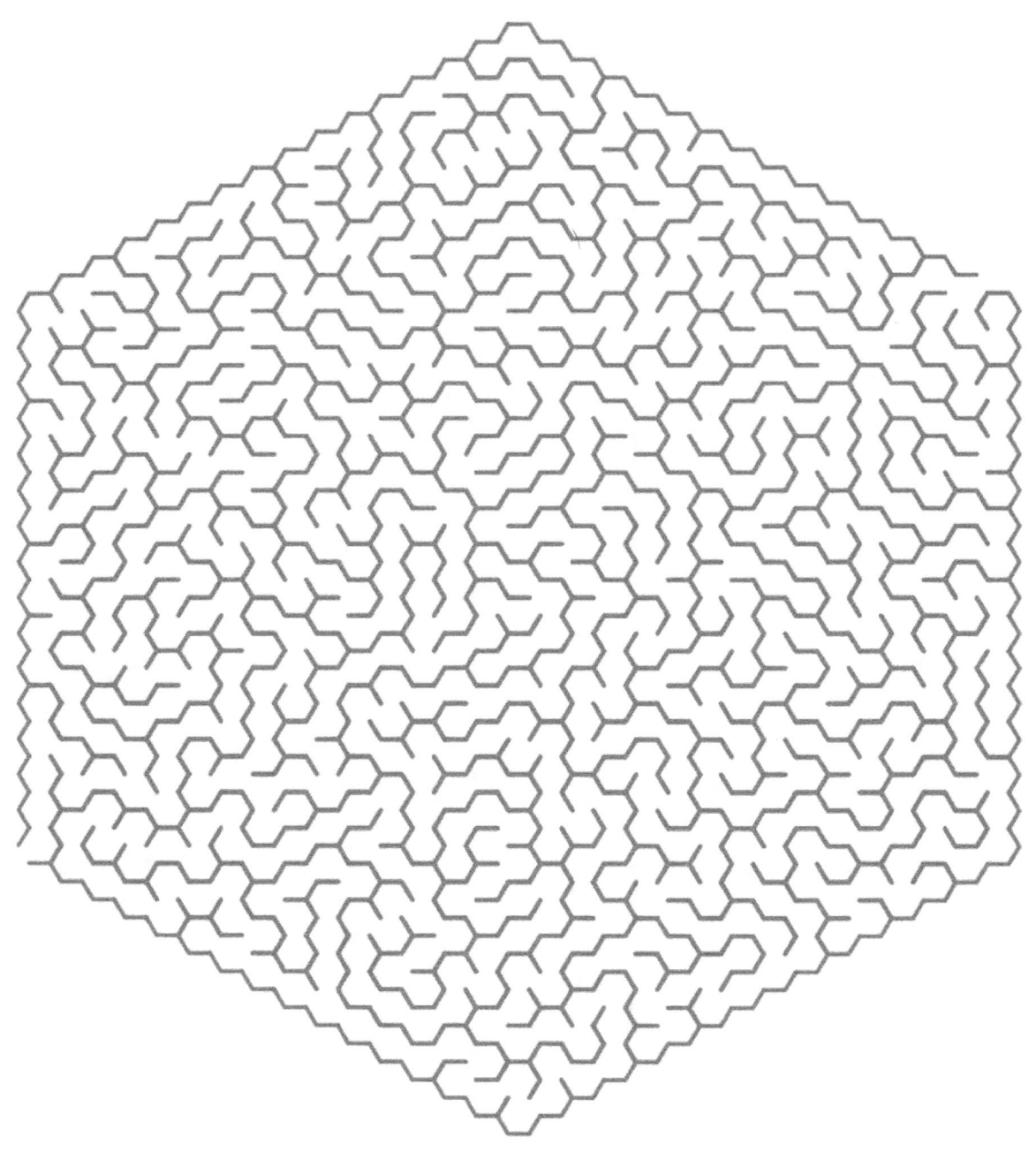

# Maze 124

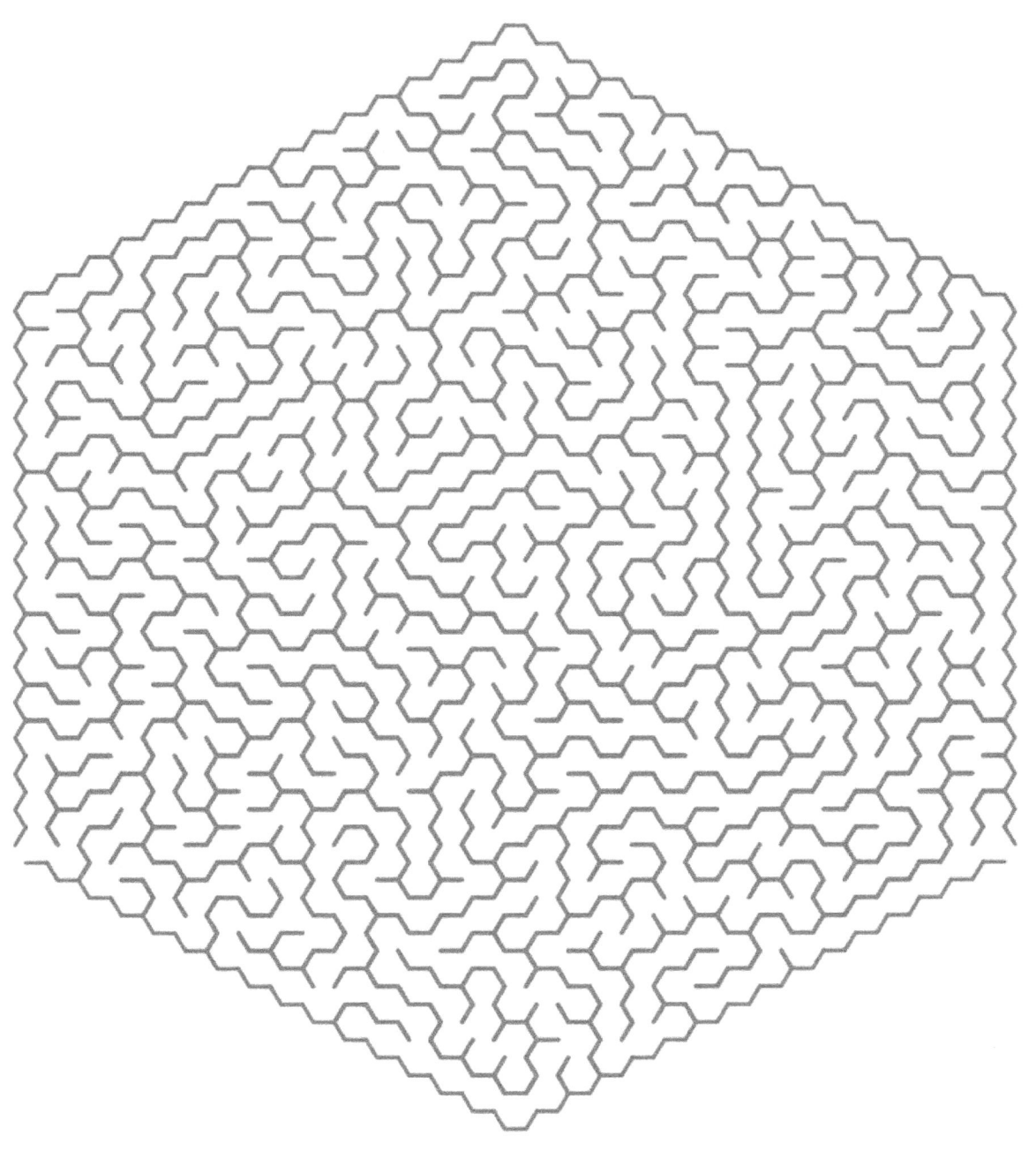

# Maze 125

# Maze 126

# Maze 127

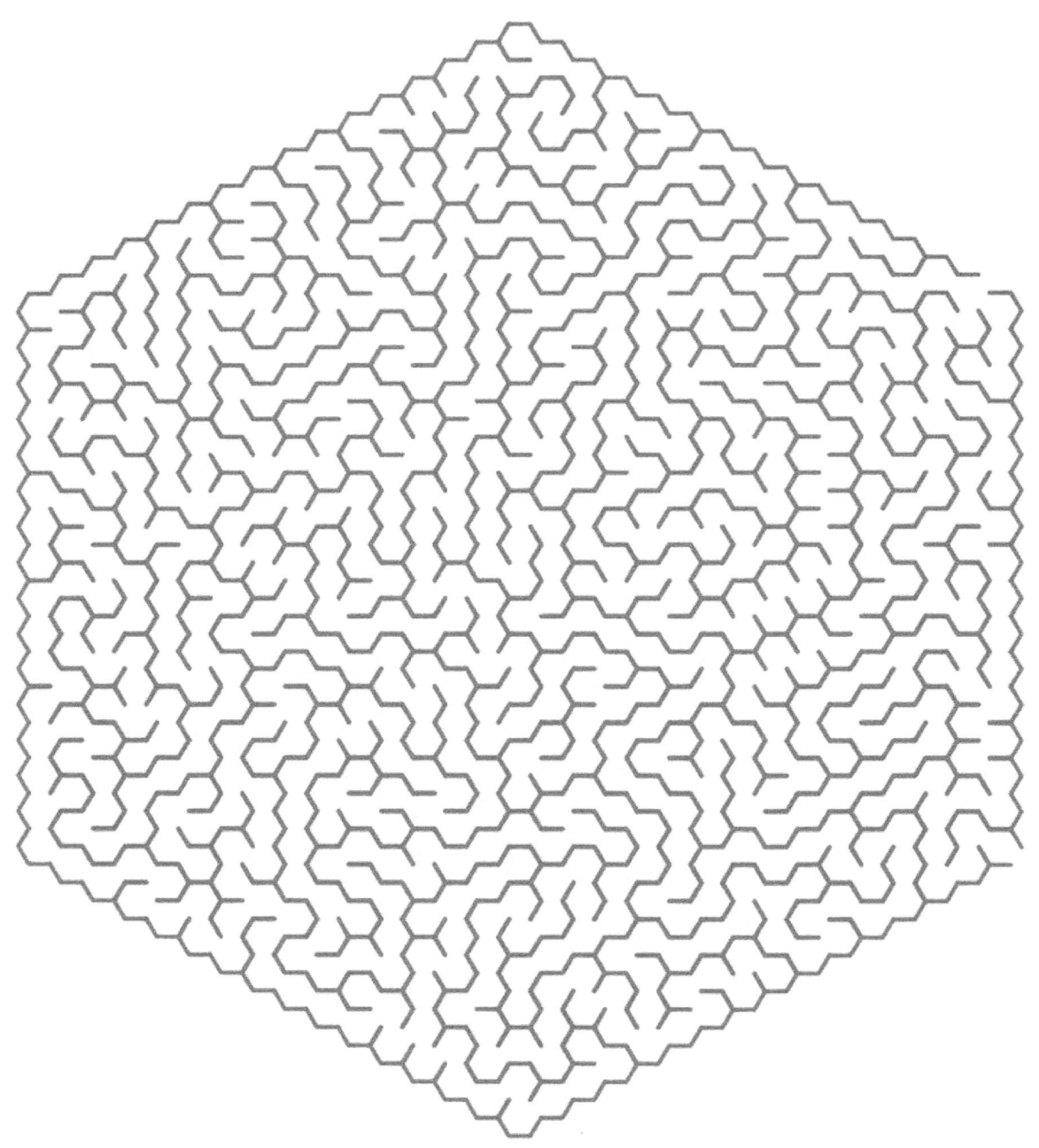

# Maze 128

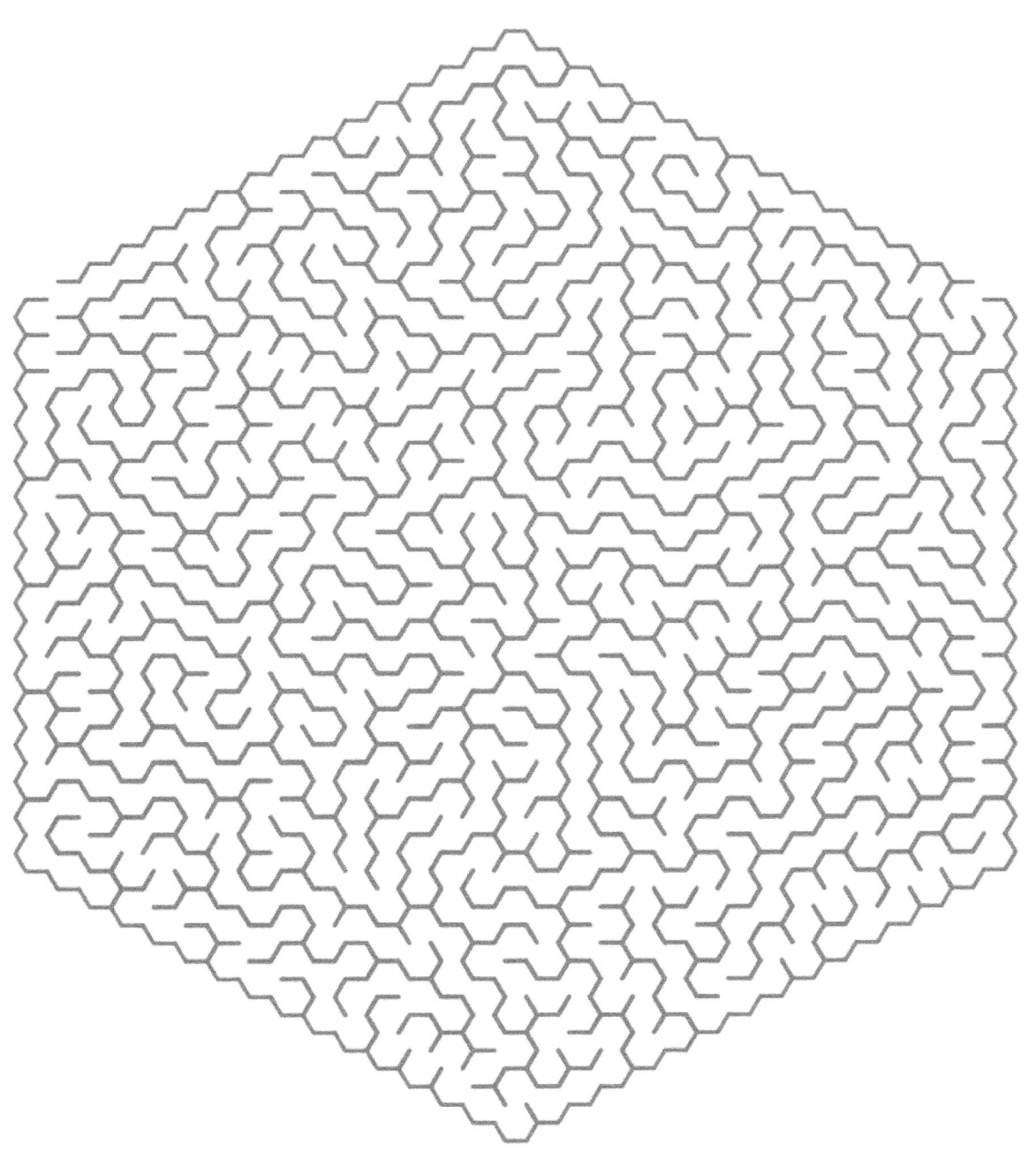

# Maze 129

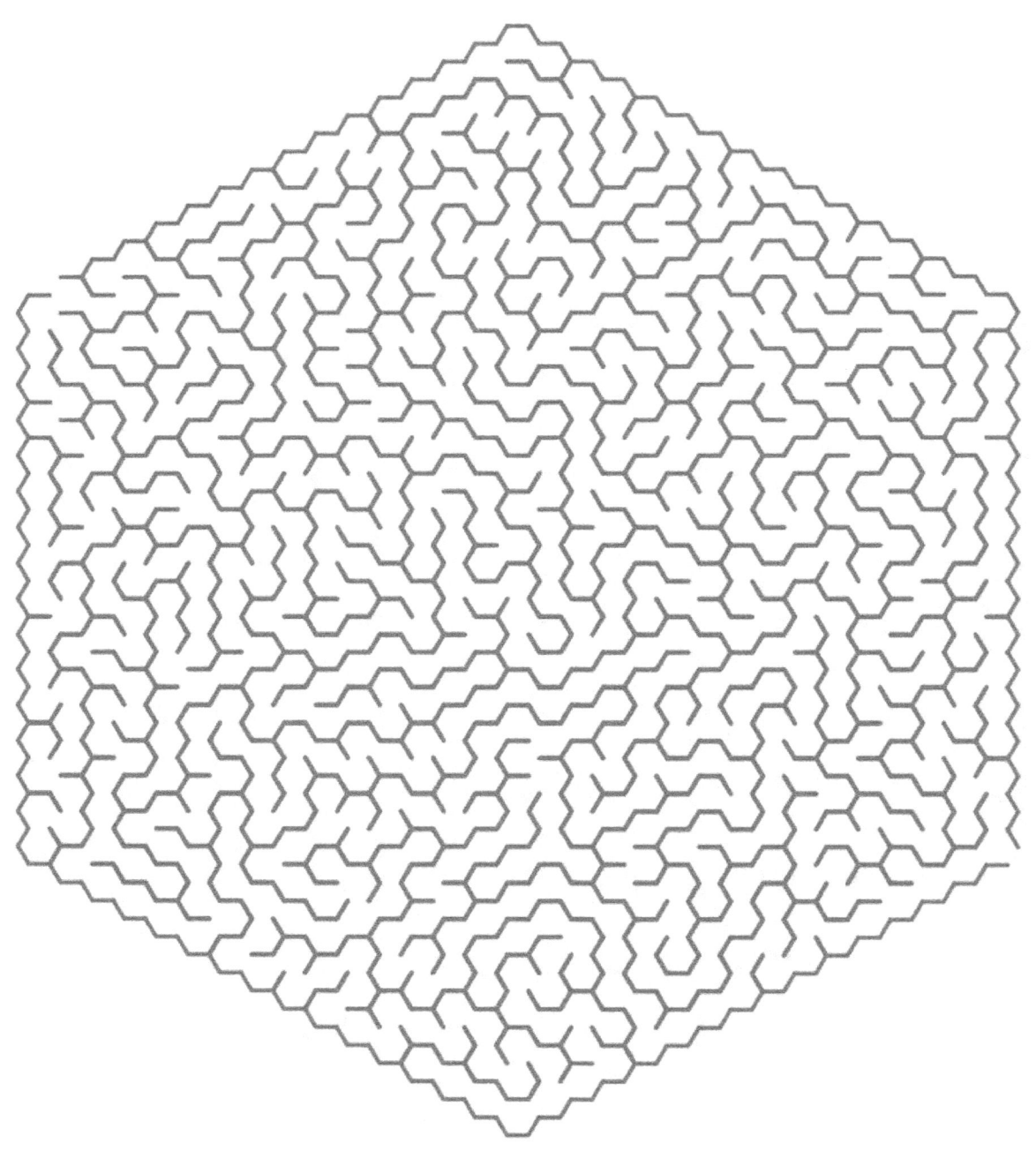

# Maze 130

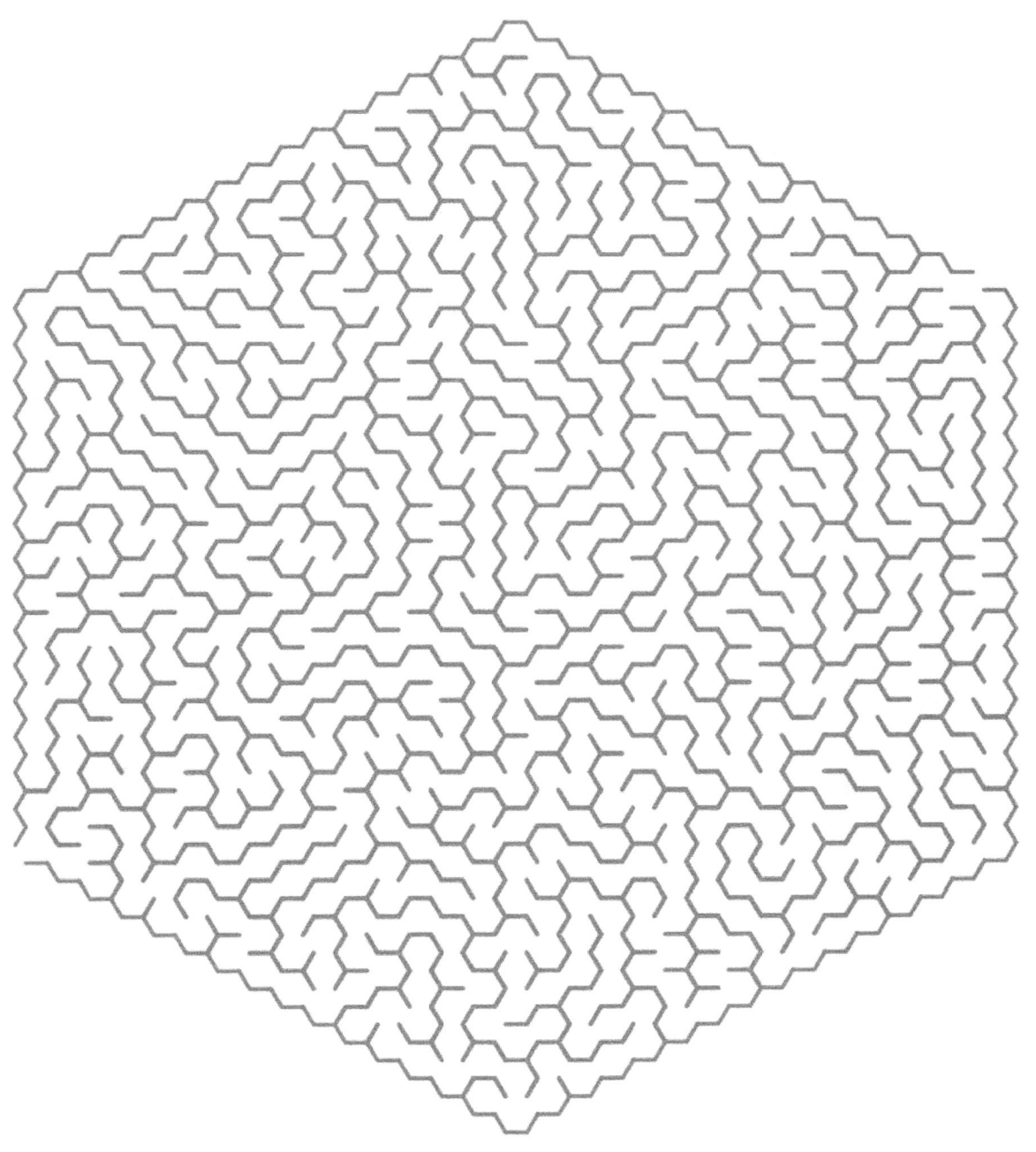

# Maze 131

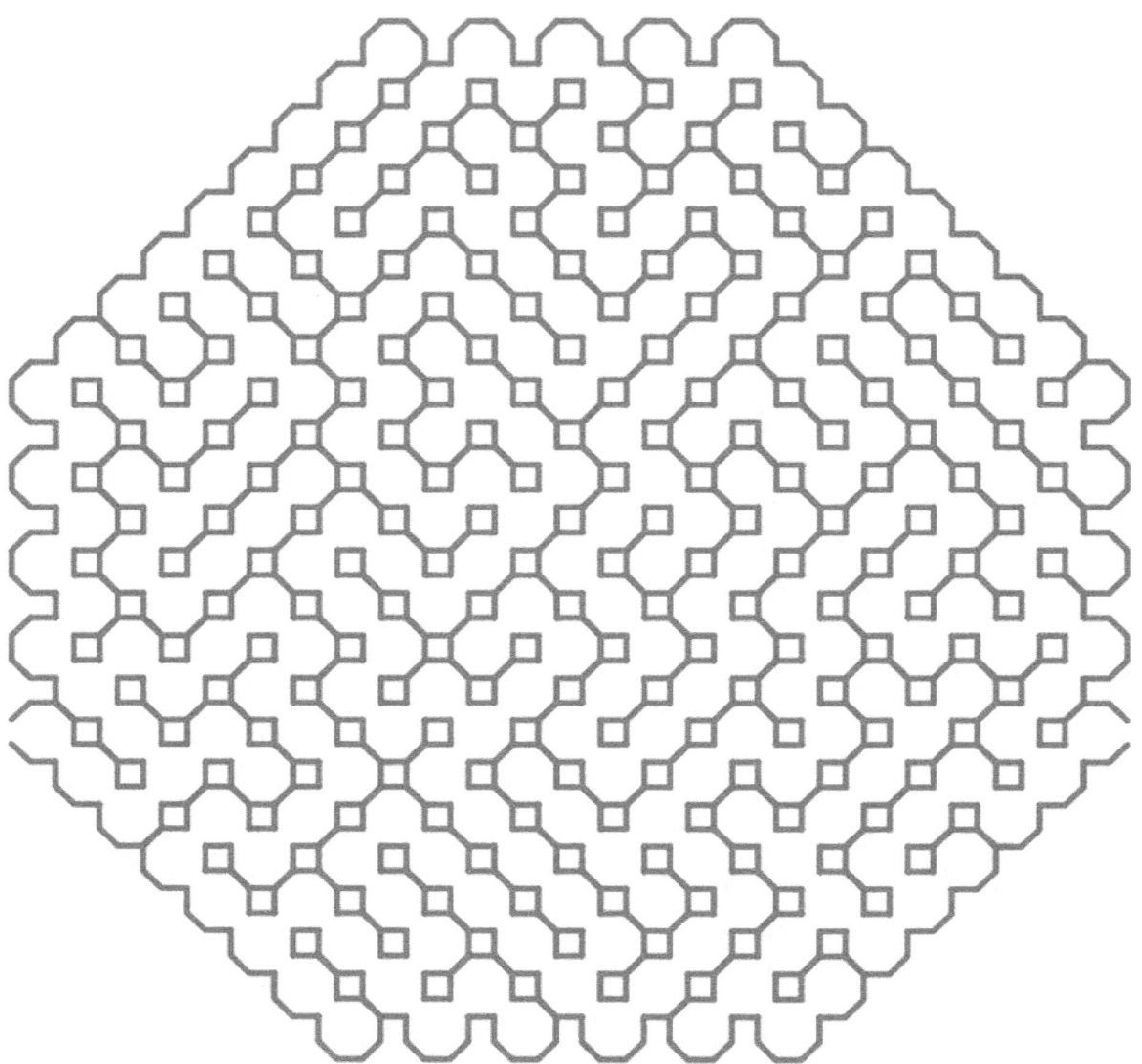

# Maze 132

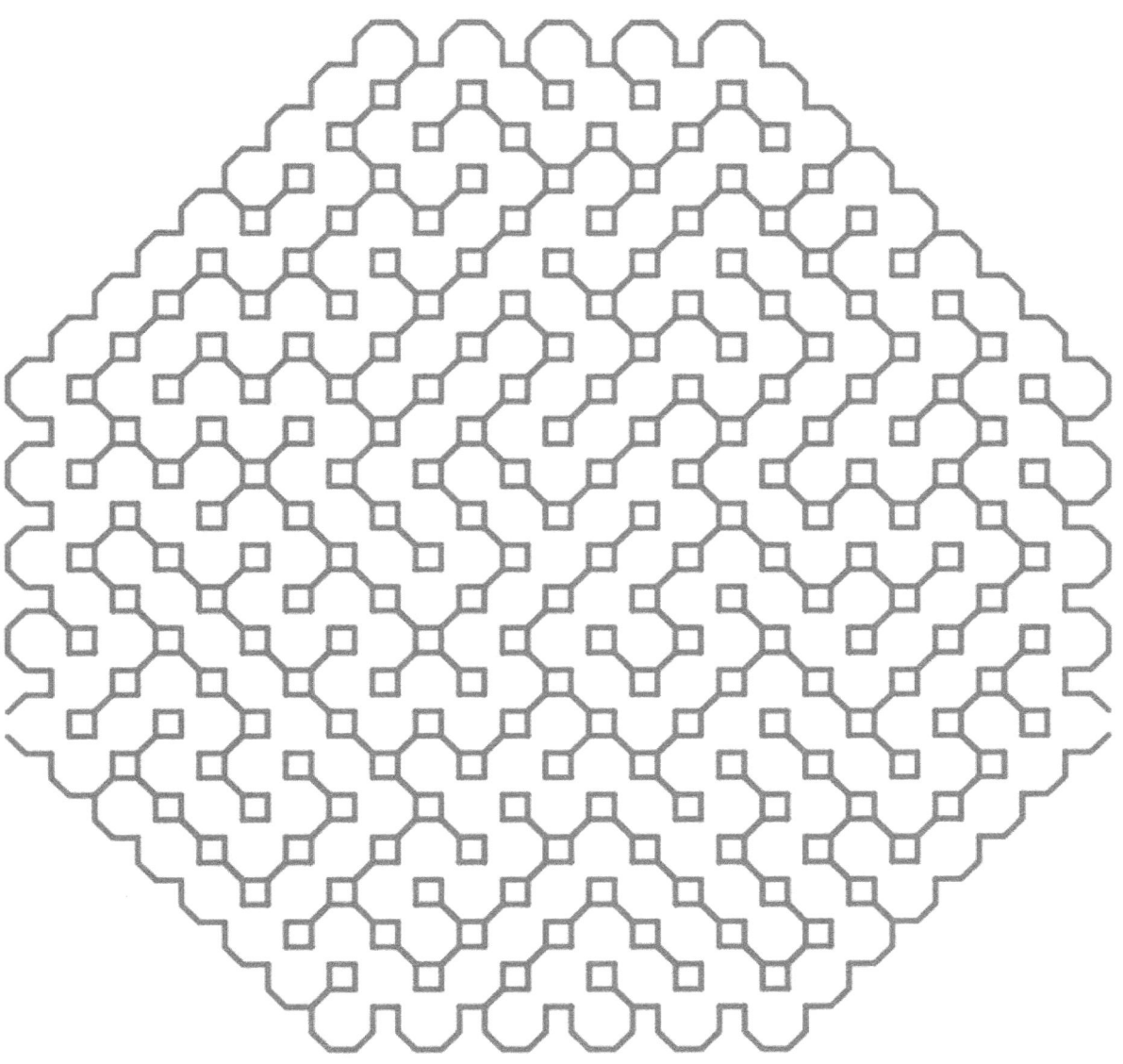

# Maze 133

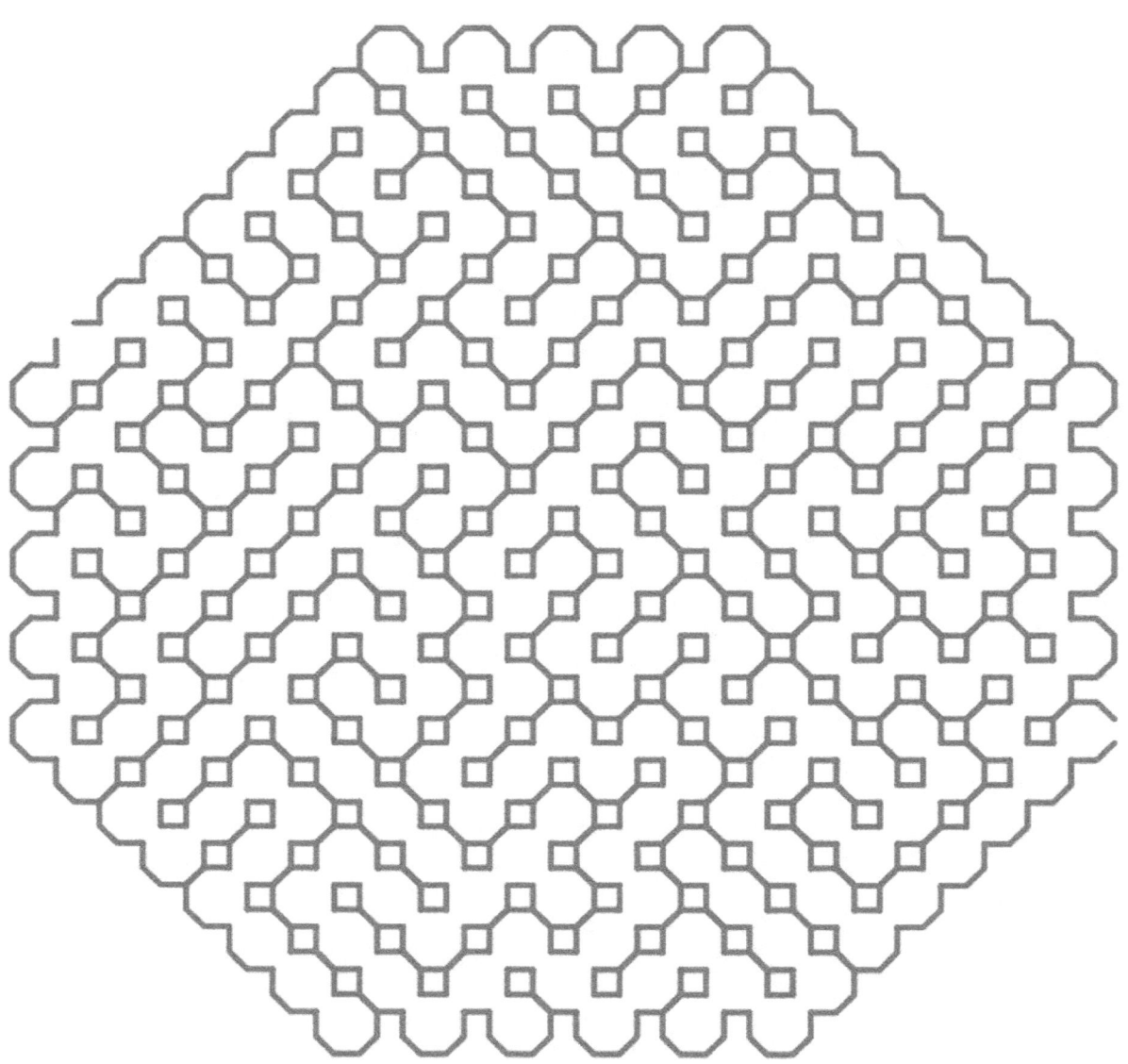

# Maze 134

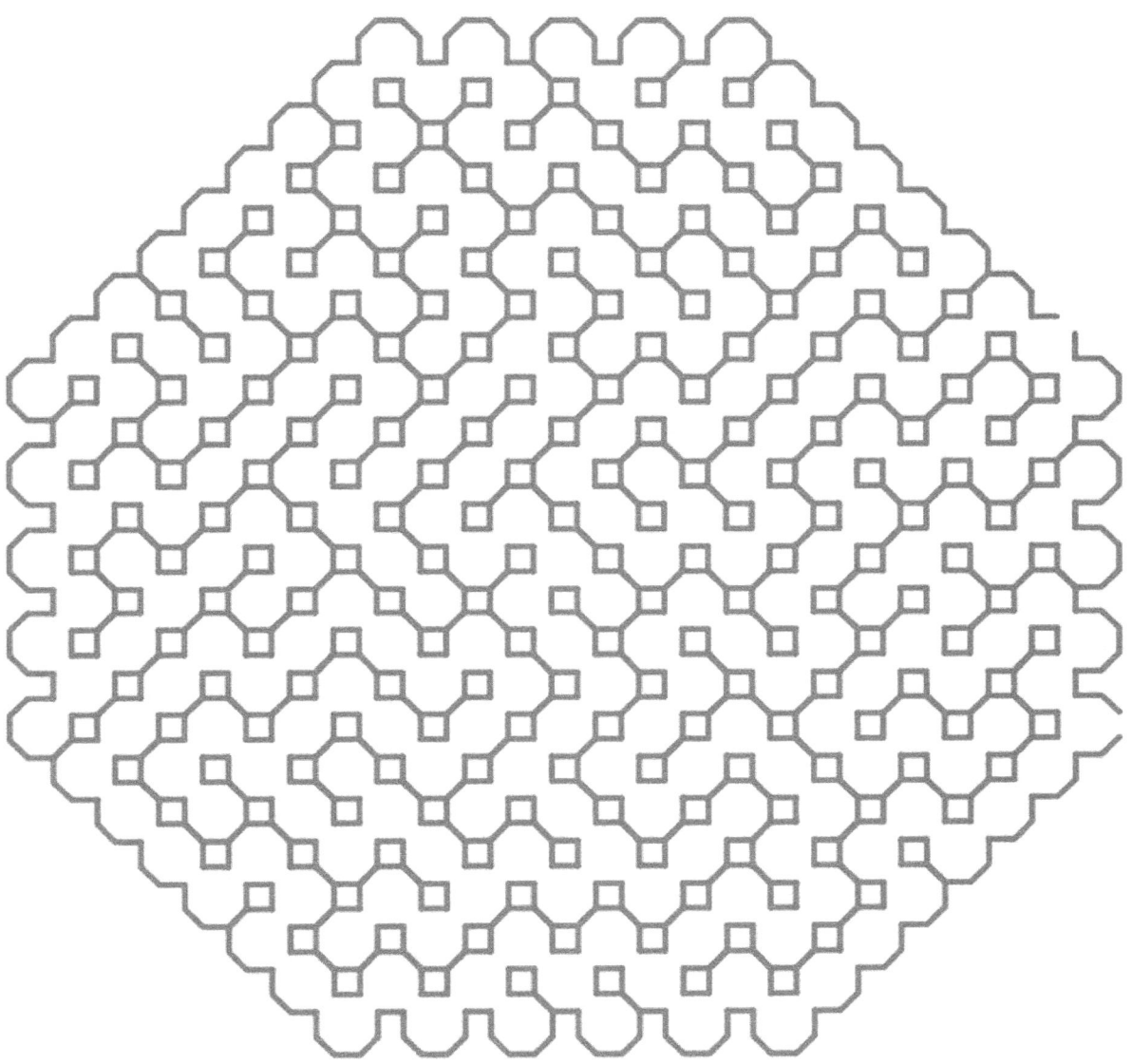

# Maze 135

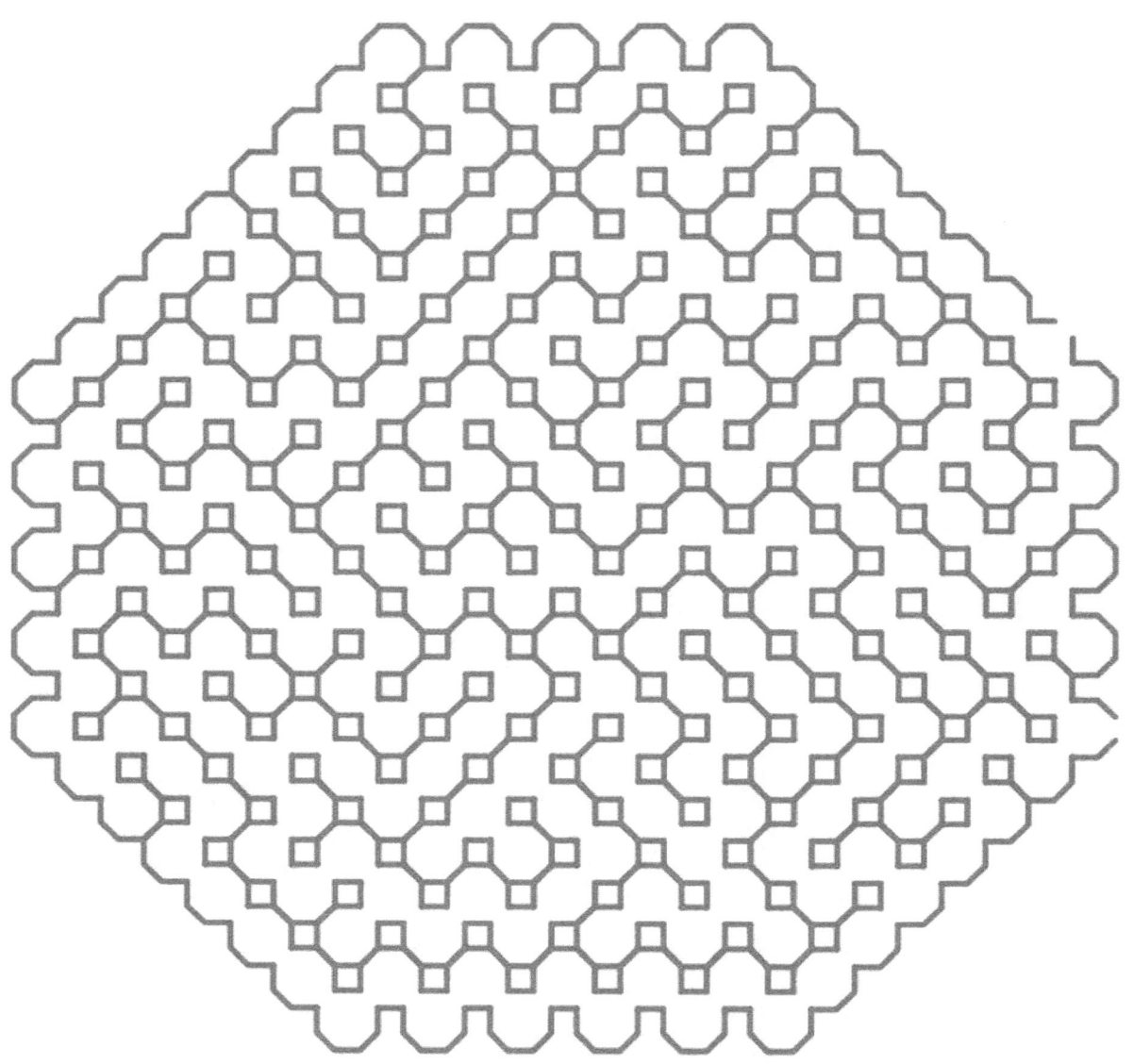

# Maze 136

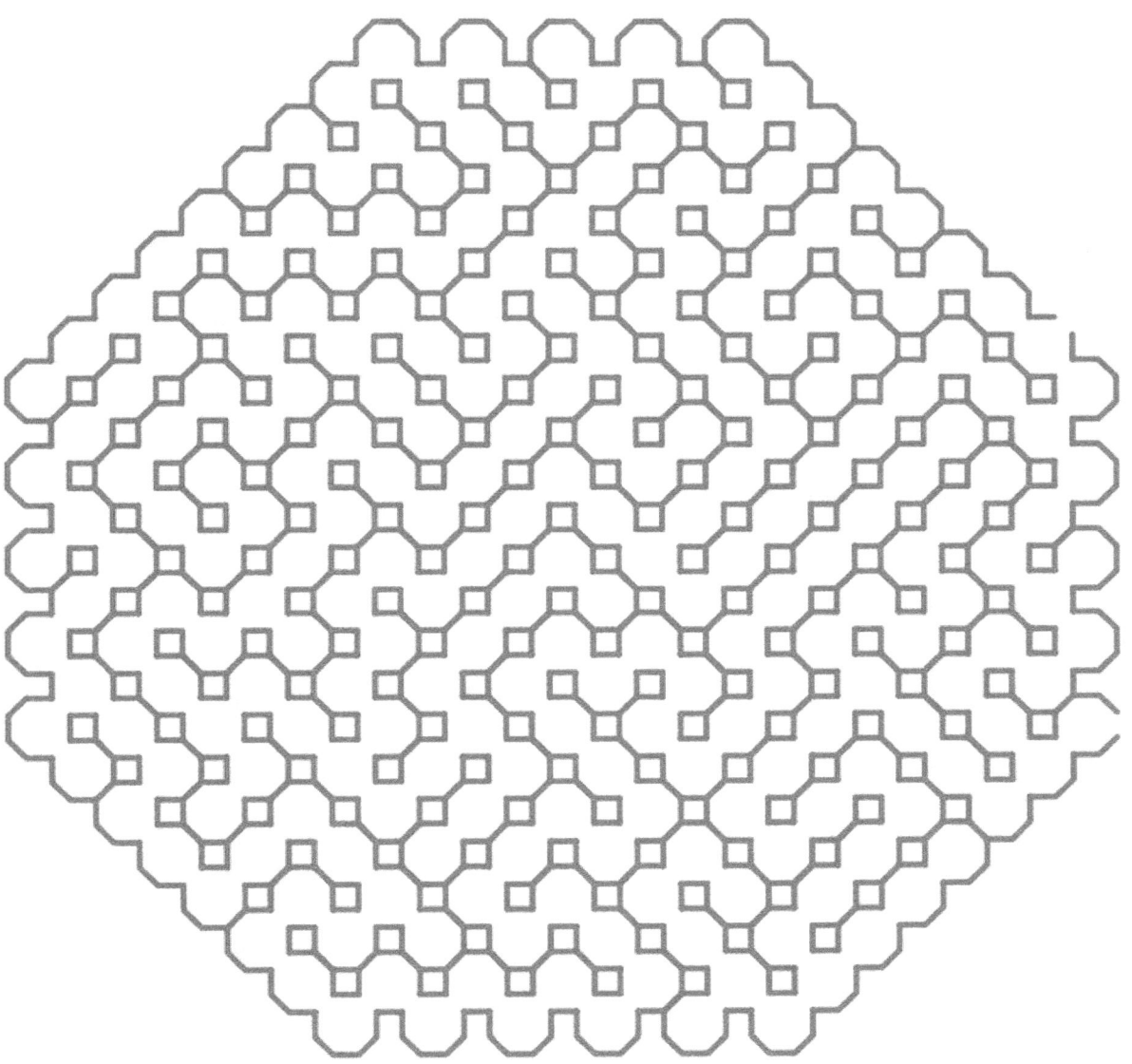

# Maze 137

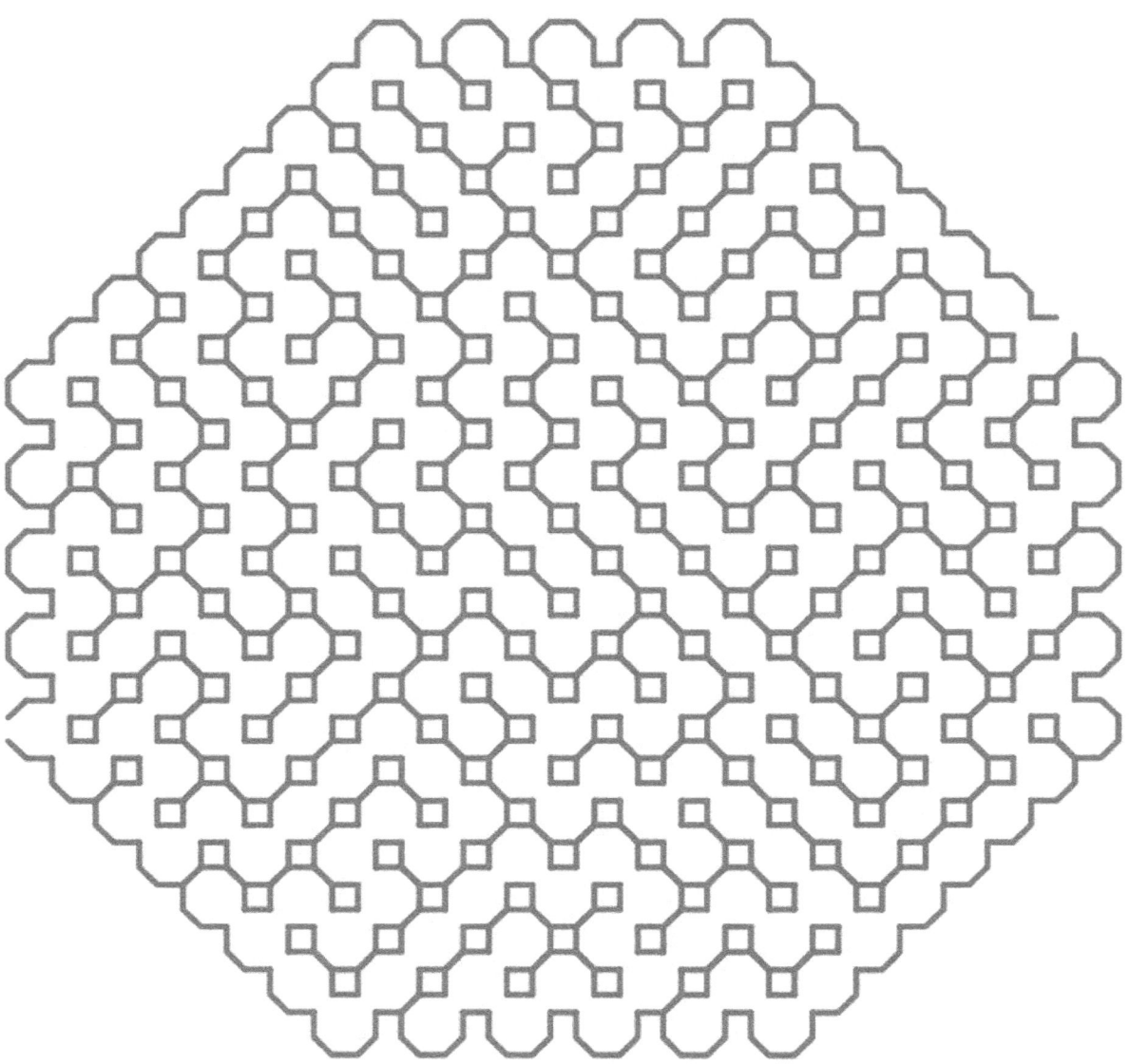

# Maze 138

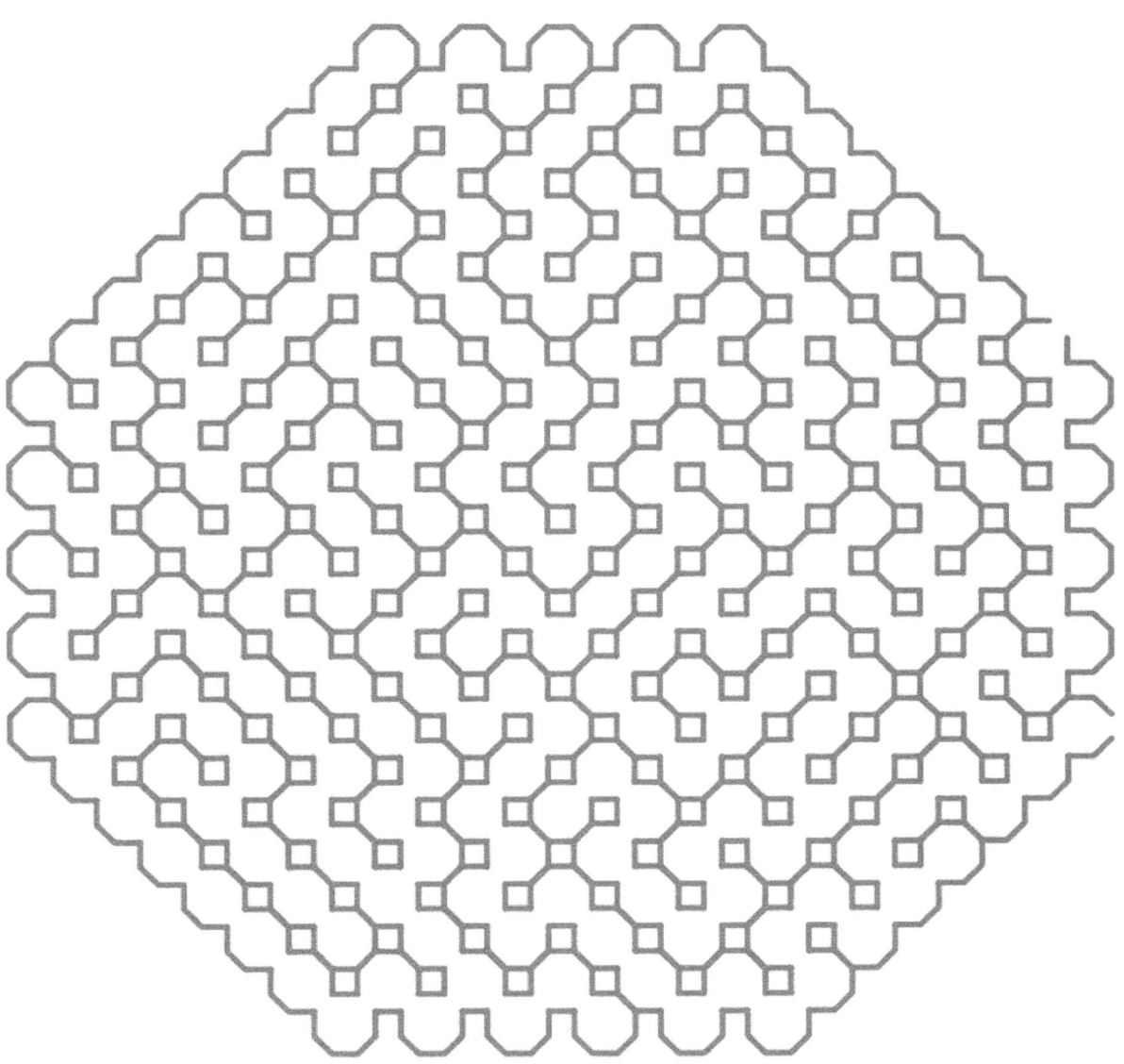

# Maze 139

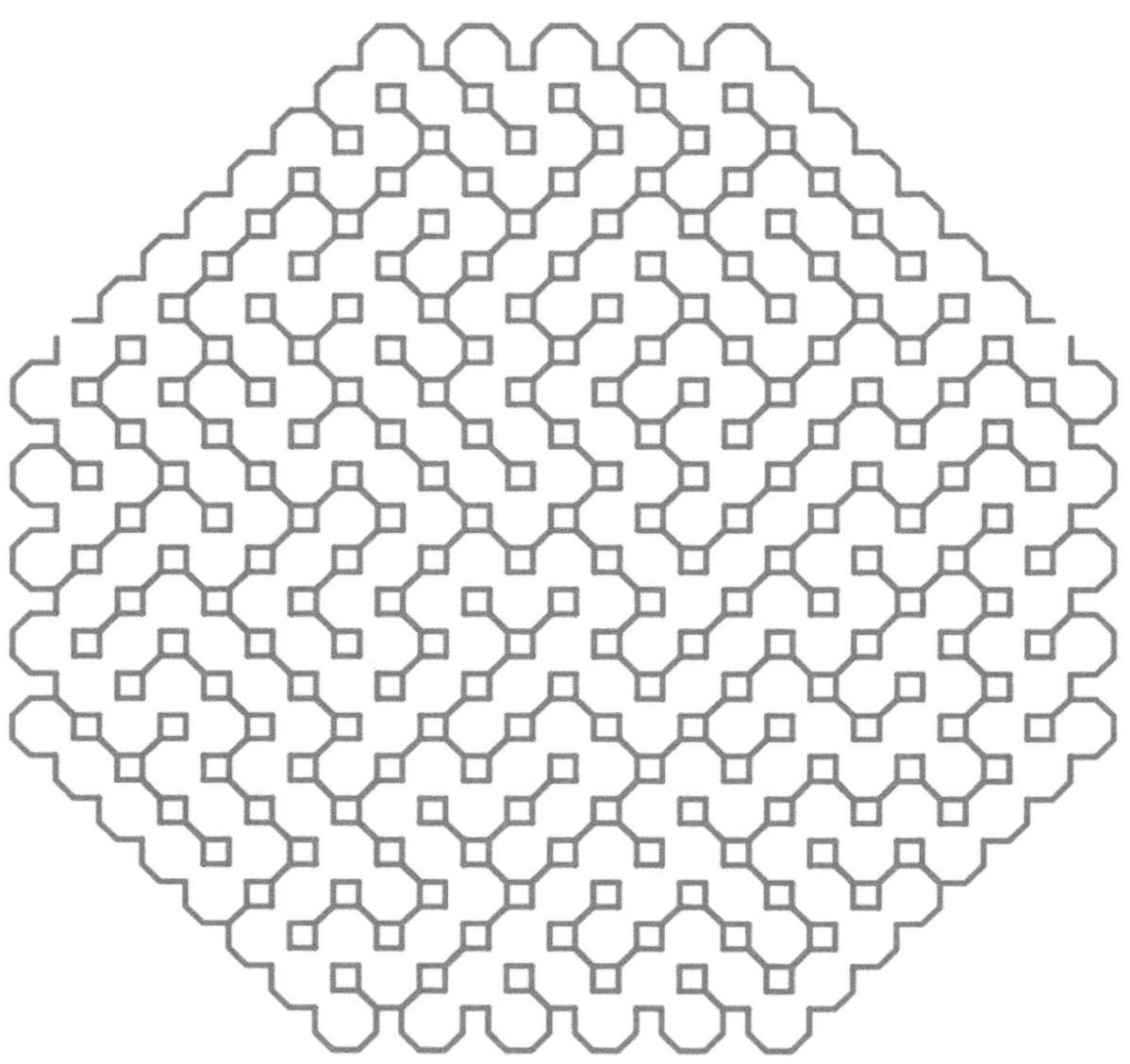

# Maze 140

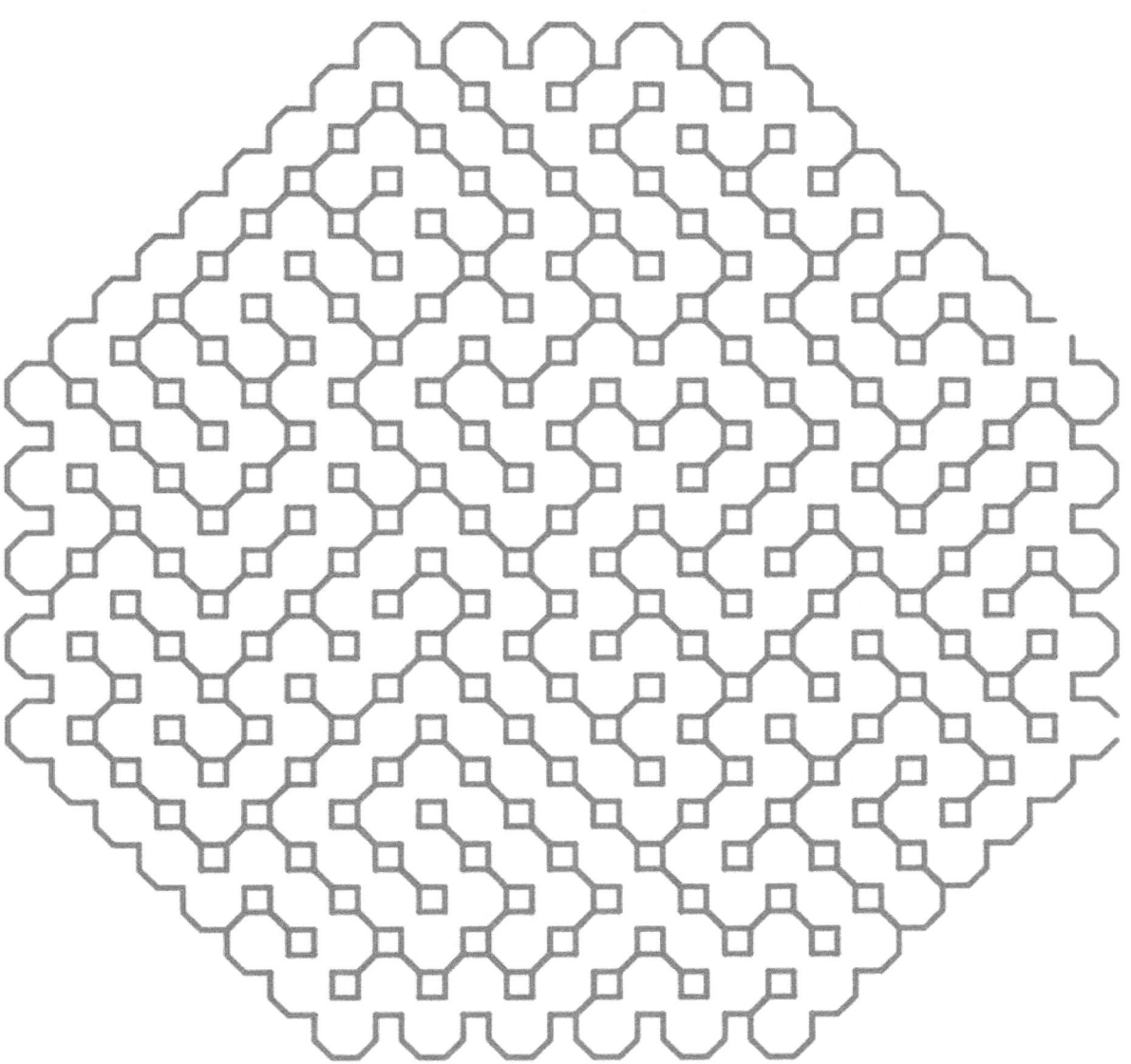

# Maze 141

# Maze 142

# Maze 143

# Maze 144

# Maze 145

# Maze 146

# Maze 147

# Maze 148

# Maze 149

# Maze 150

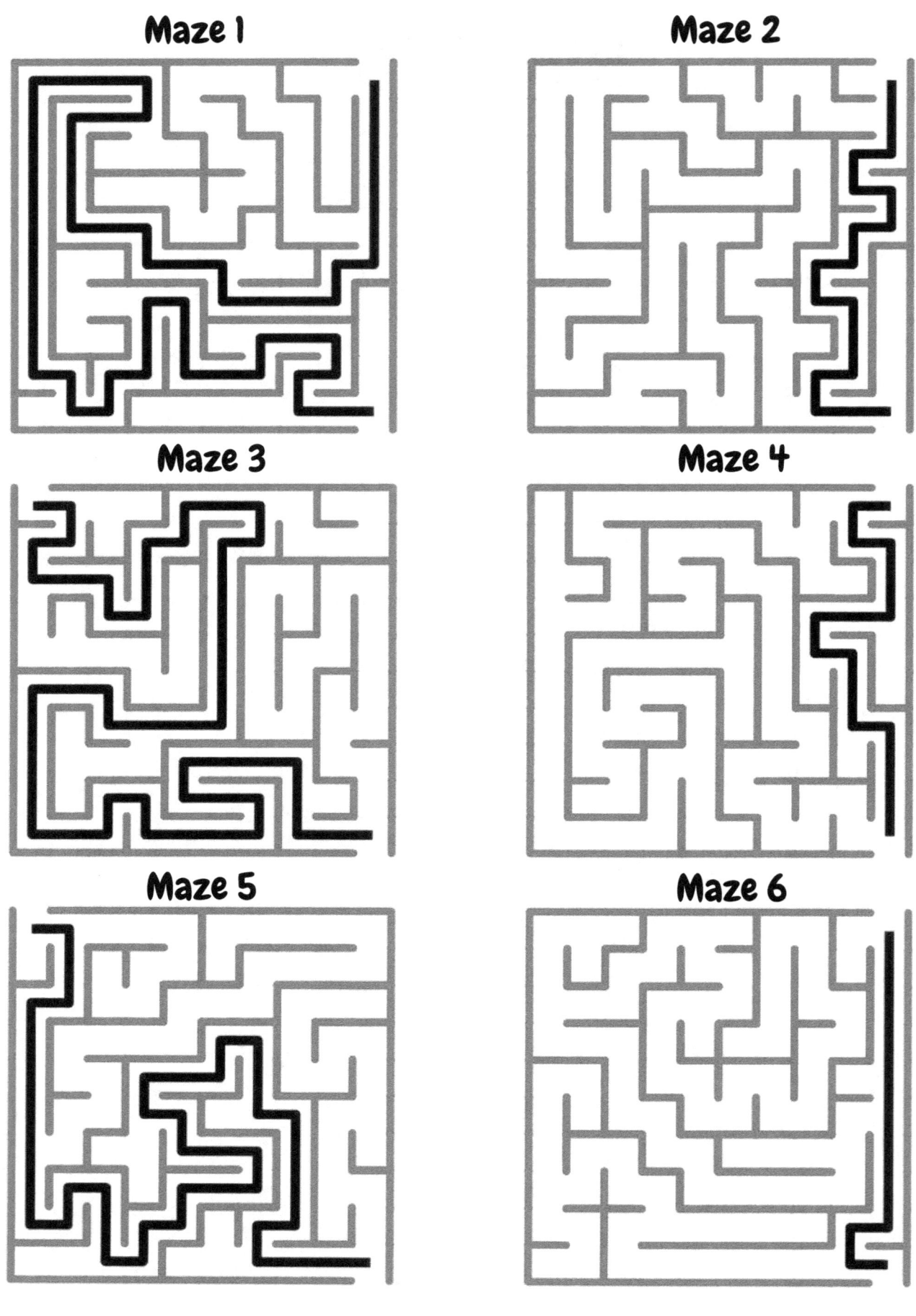

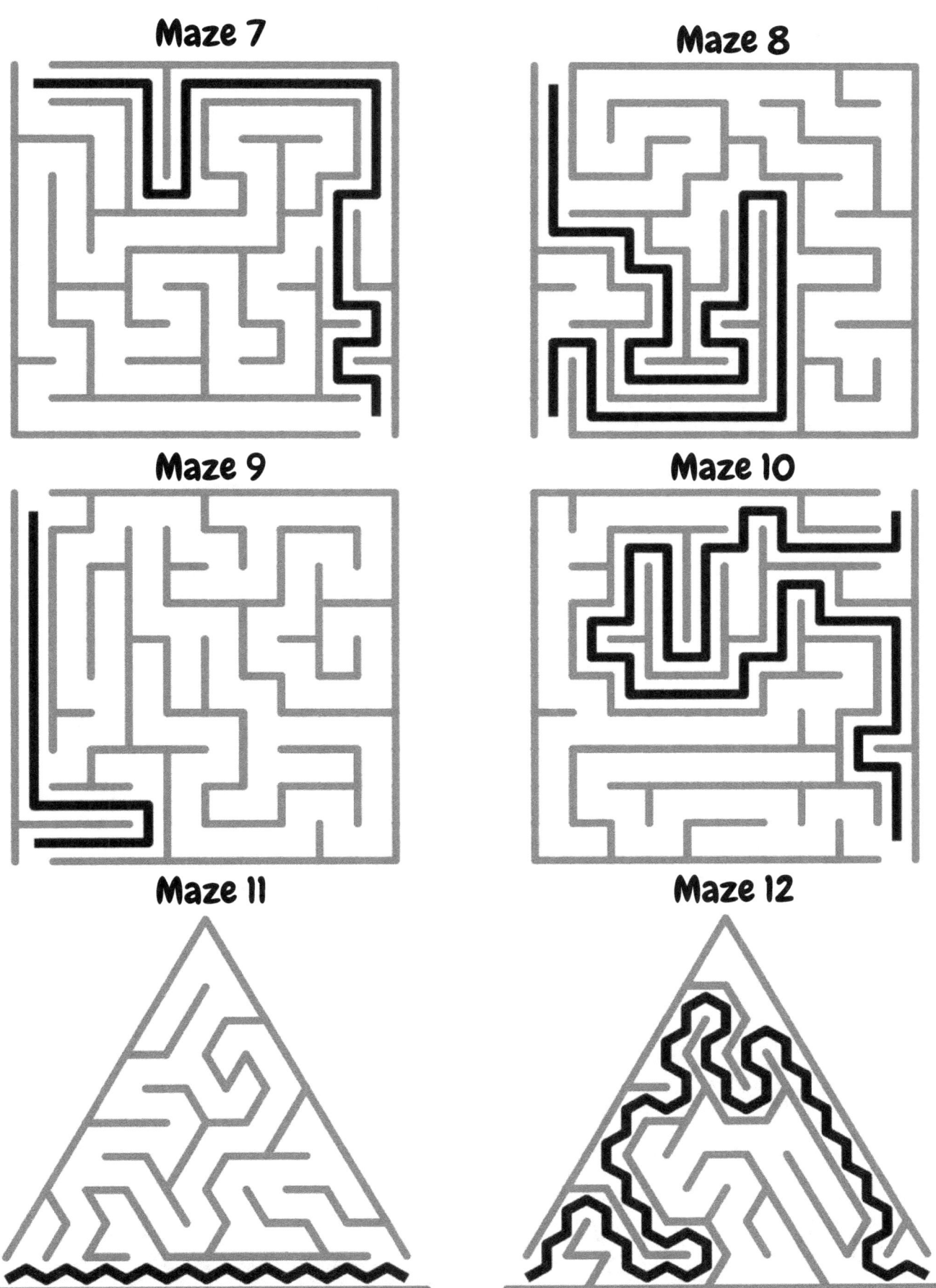

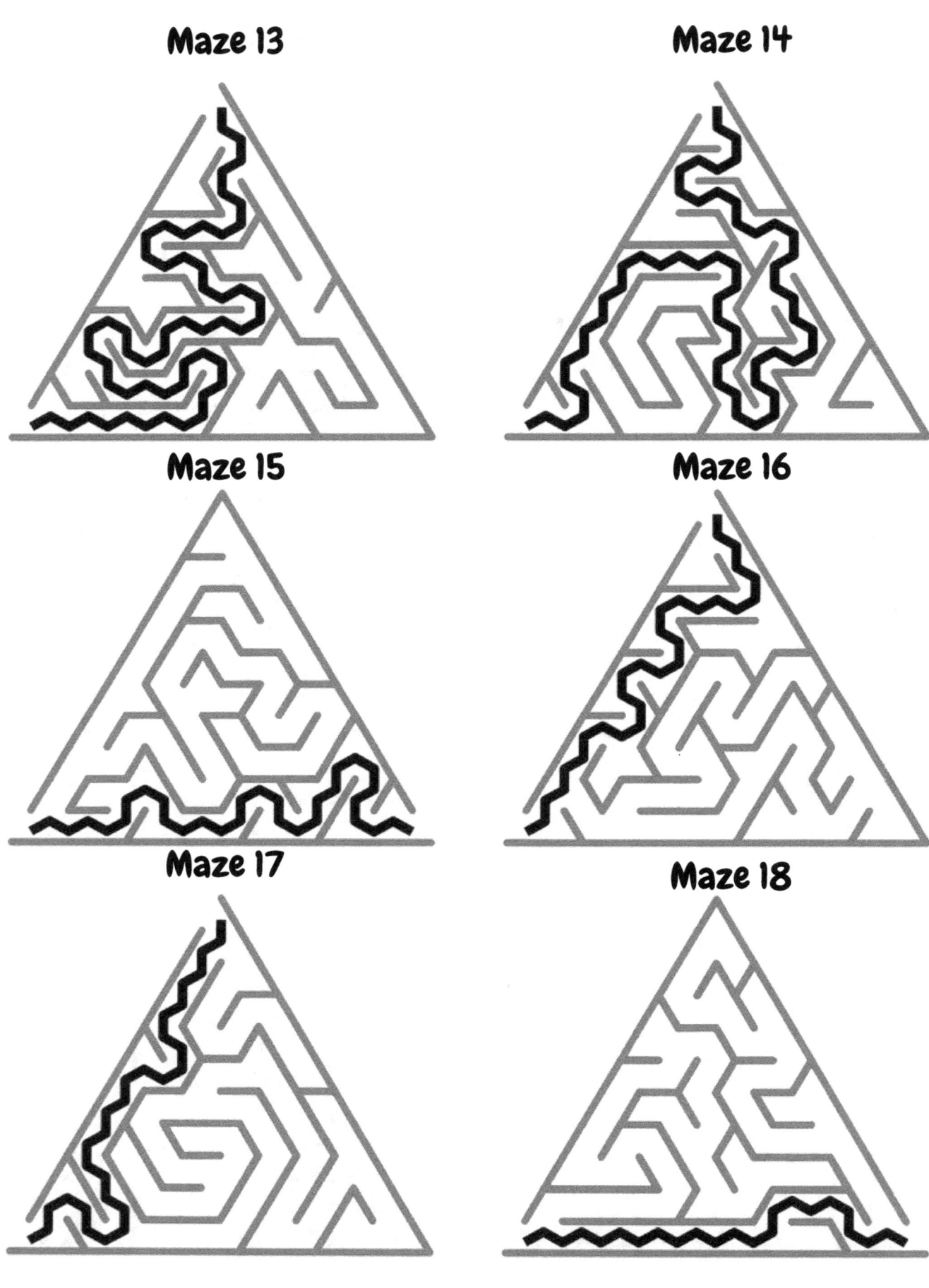

**Maze 19**

**Maze 20**

**Maze 21**

**Maze 22**

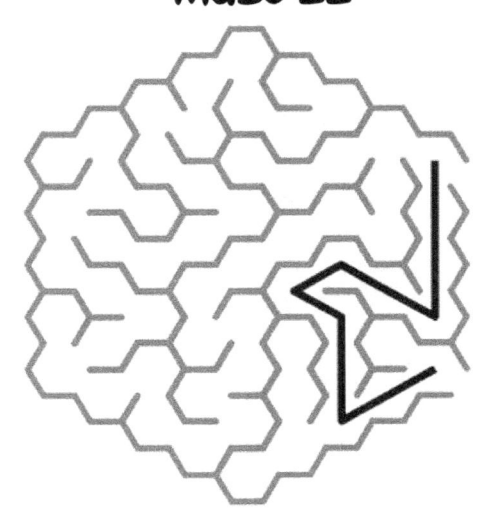

**Maze 23**

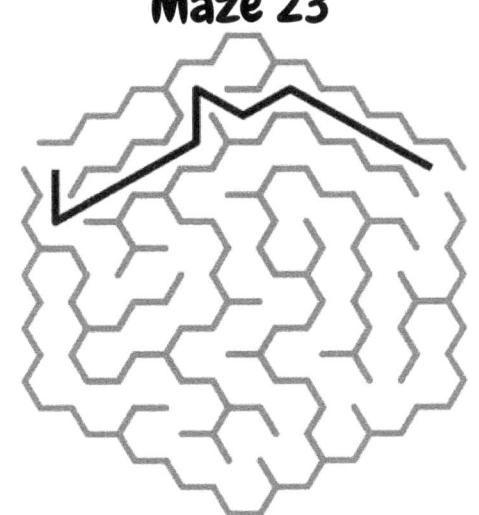

**Maze 24**

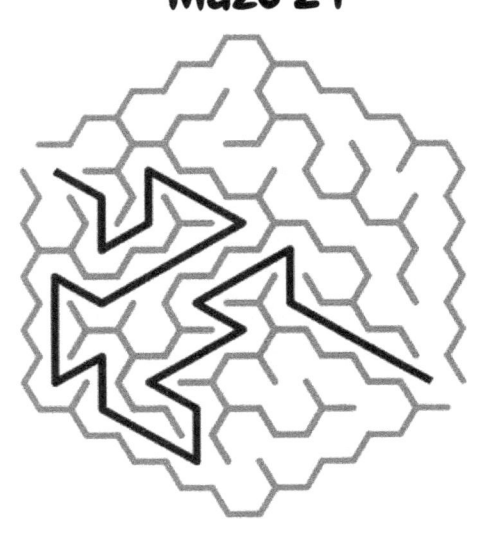

## Maze 25
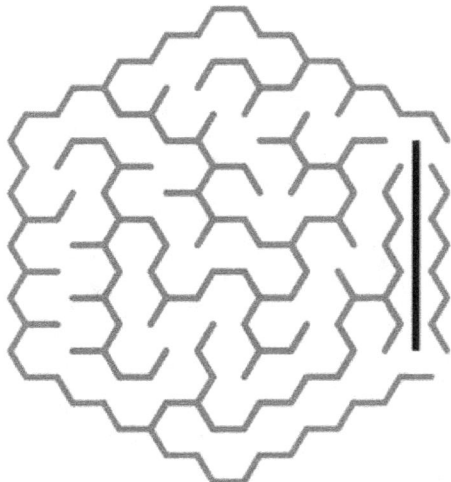

## Maze 26

## Maze 27

## Maze 28
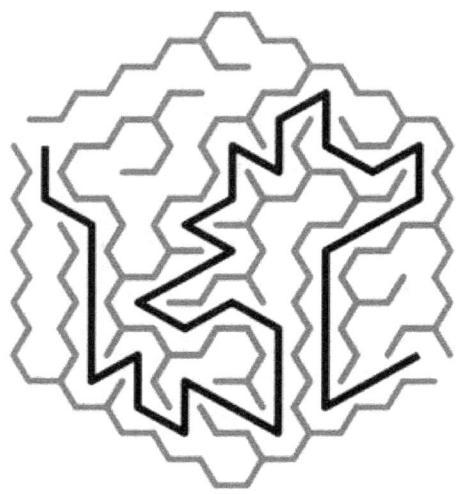

## Maze 29
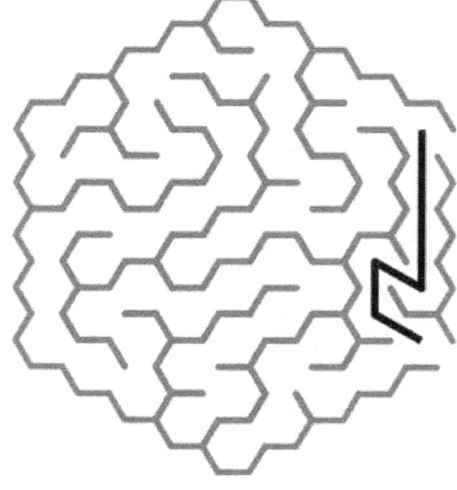

## Maze 30
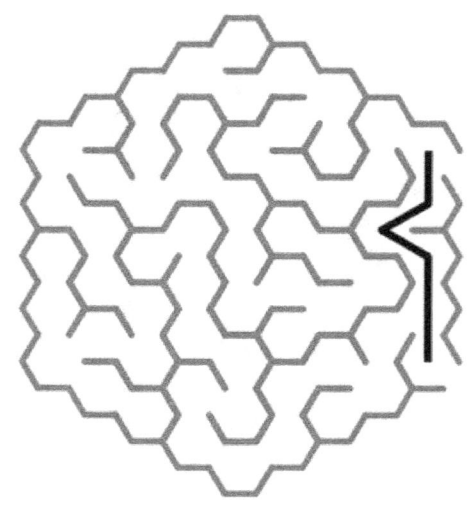

## Maze 31

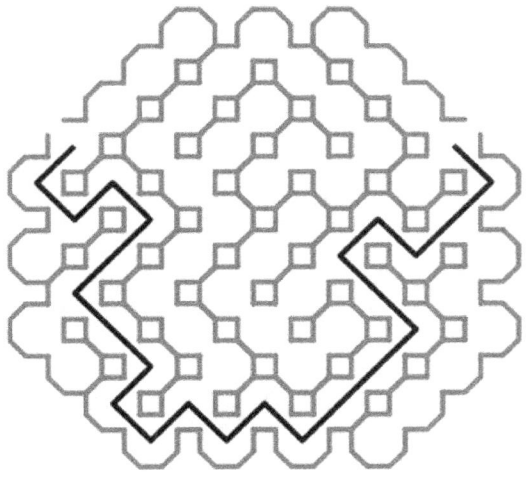

## Maze 32

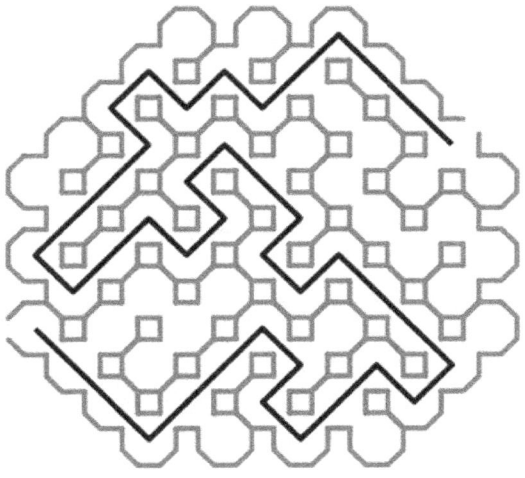

## Maze 33

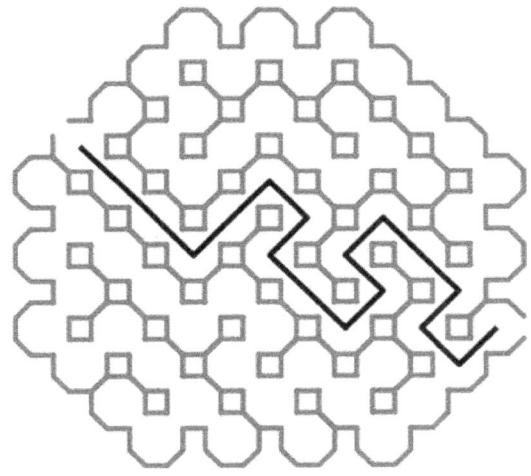

## Maze 34

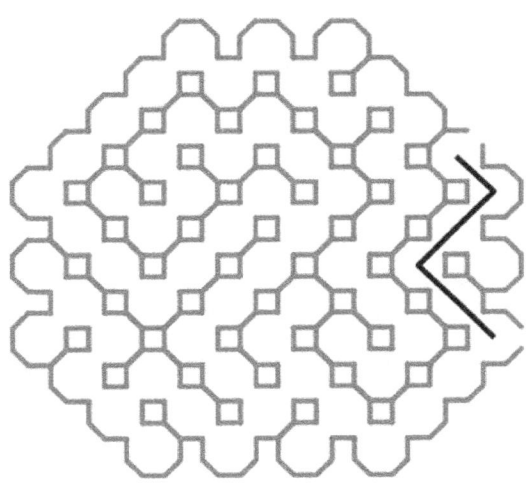

## Maze 35

## Maze 36

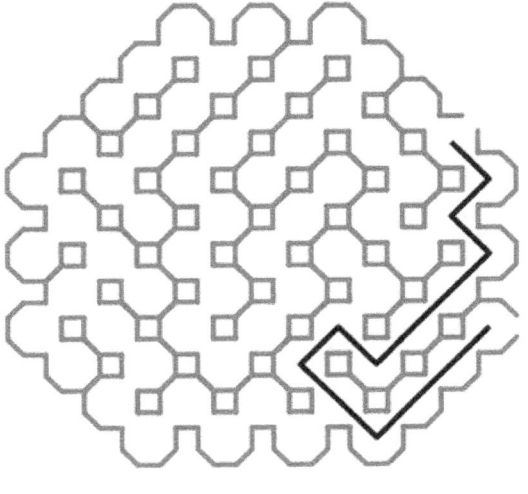

## Maze 37

## Maze 38
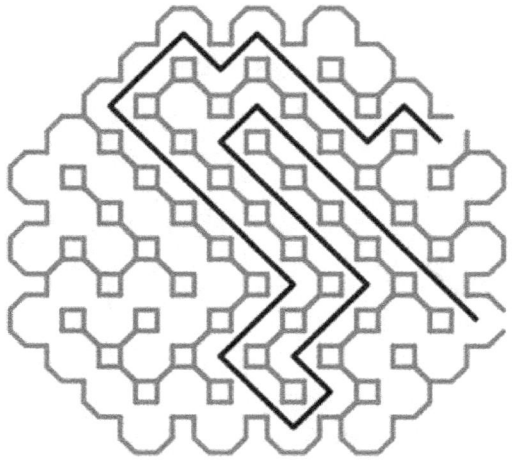

## Maze 39
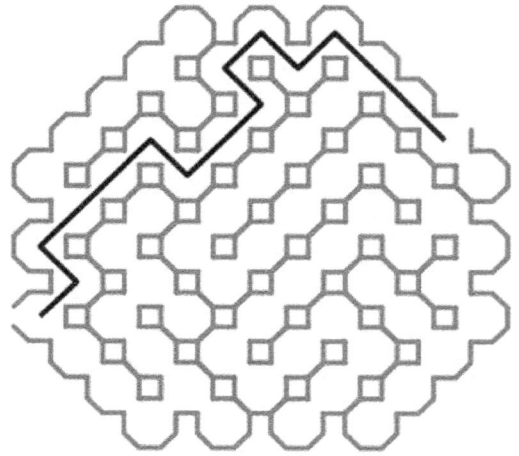

## Maze 40
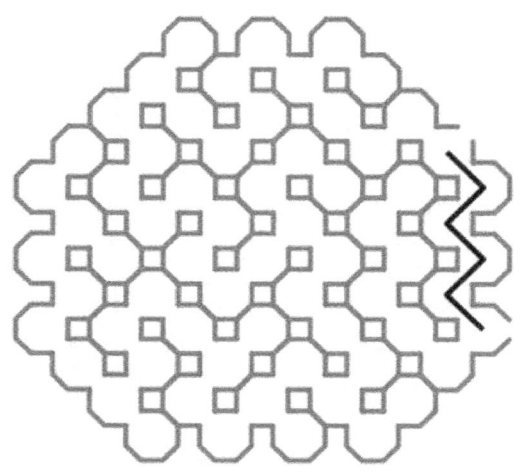

## Maze 41

## Maze 42

## Maze 43

## Maze 44

## Maze 45

## Maze 46

## Maze 47

## Maze 48

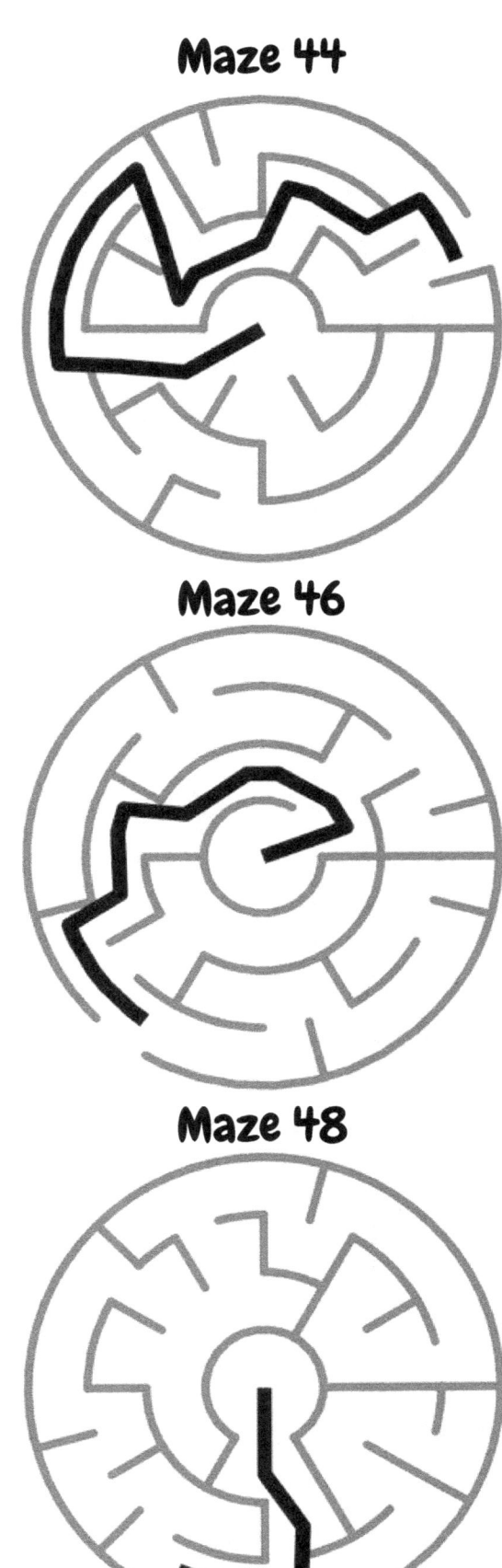

## Maze 49

## Maze 50

## Maze 51

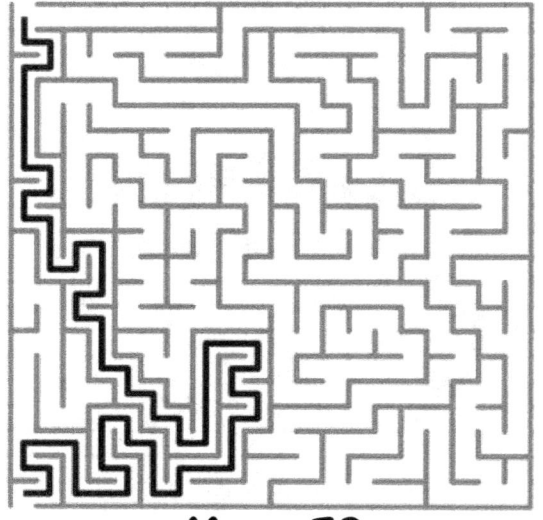

## Maze 52

## Maze 53

## Maze 54

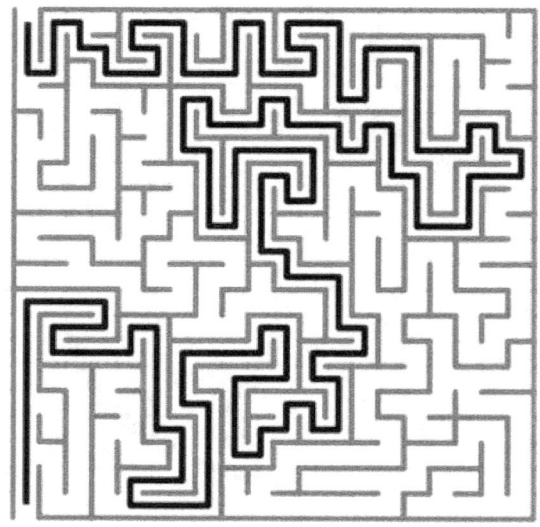

## Maze 55

## Maze 56

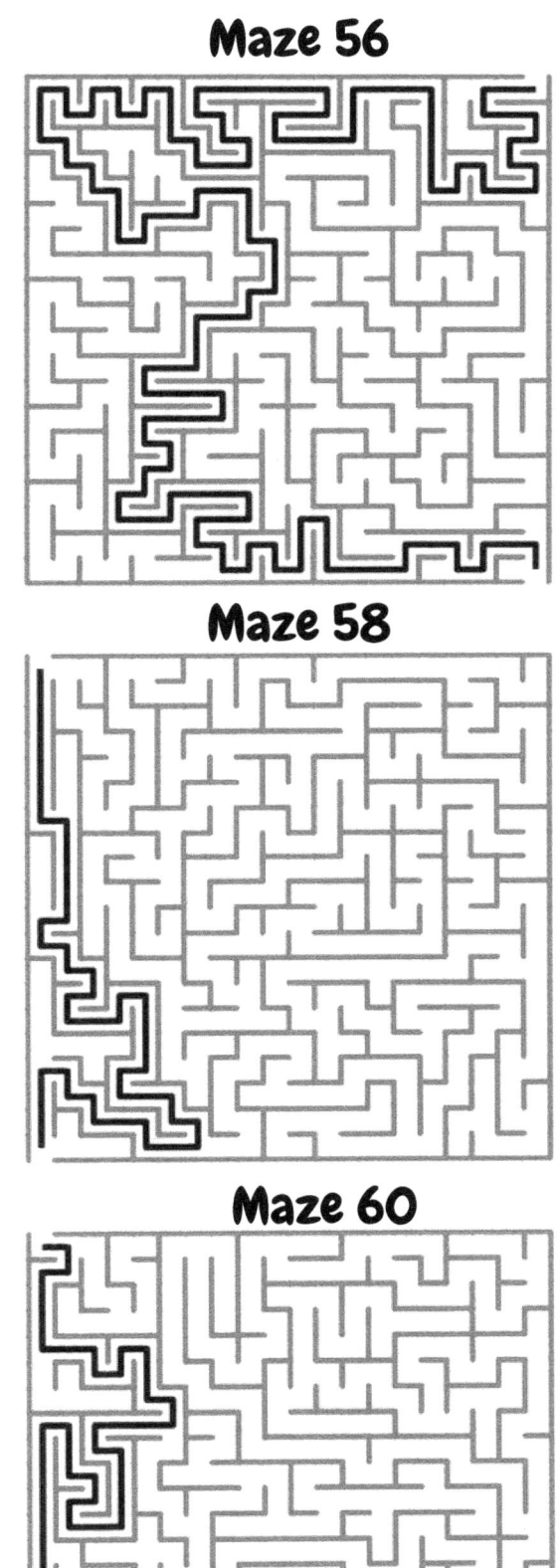

## Maze 57

## Maze 58

## Maze 59

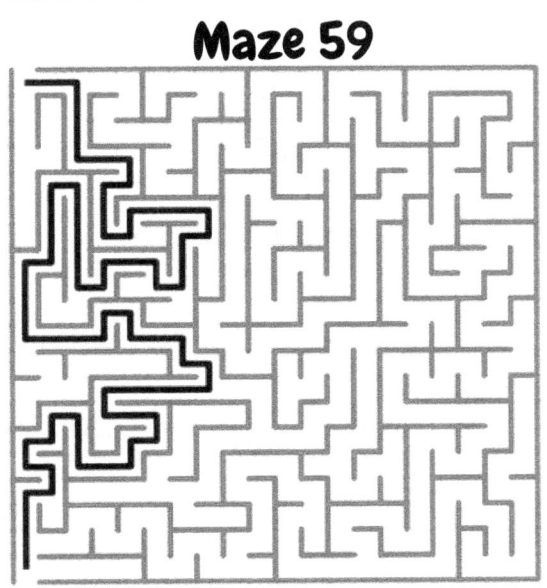

## Maze 60

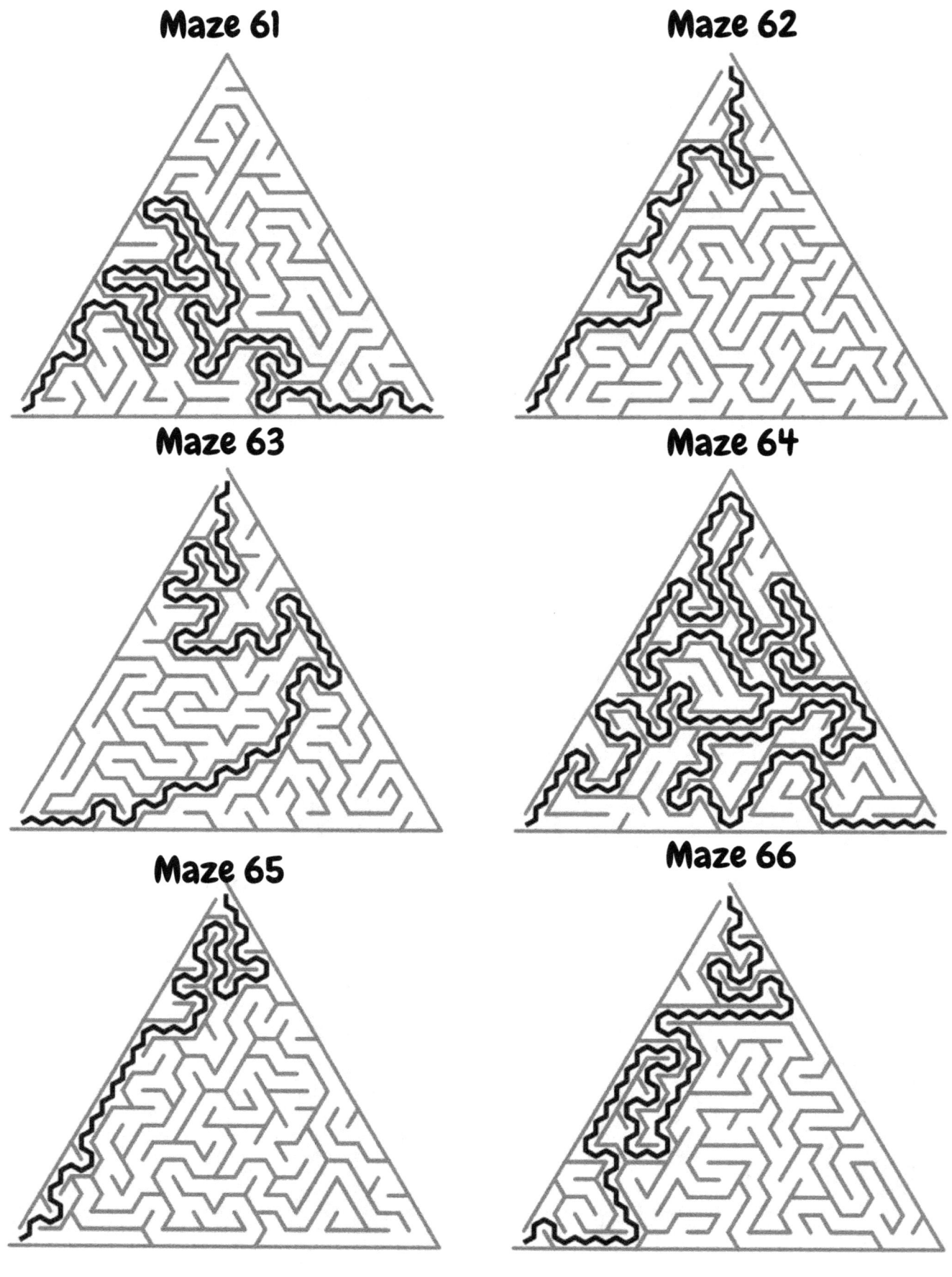

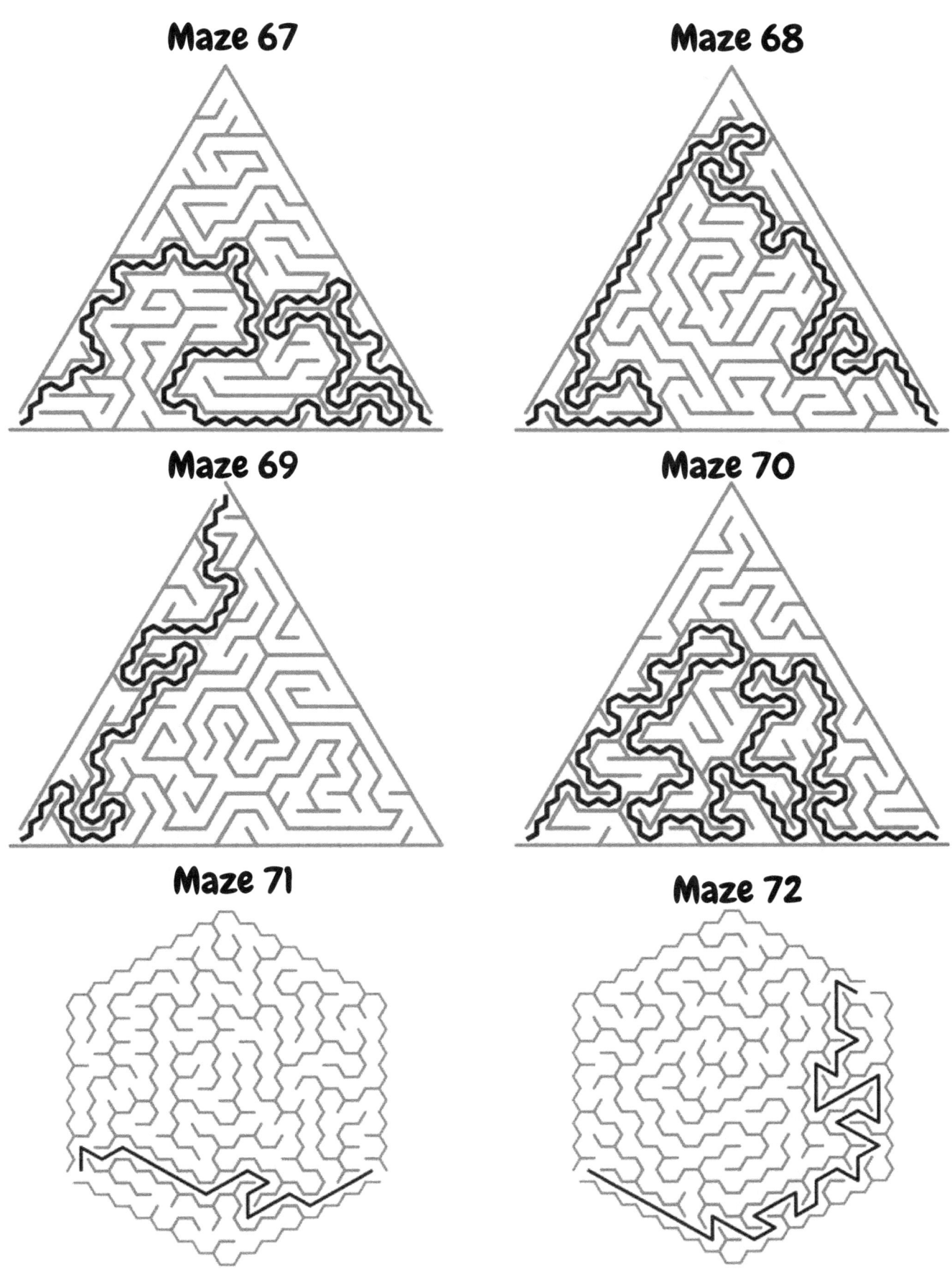

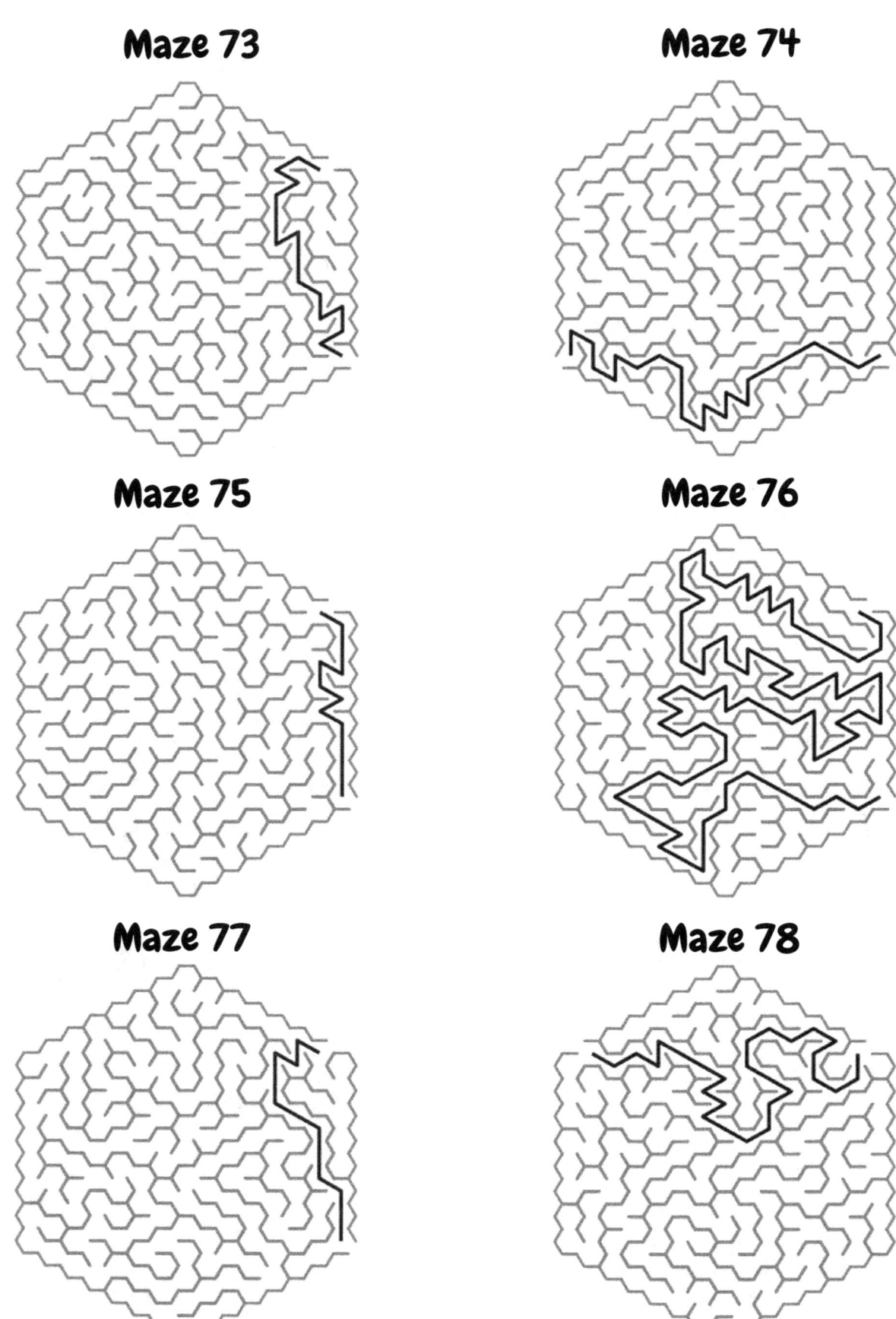

## Maze 79

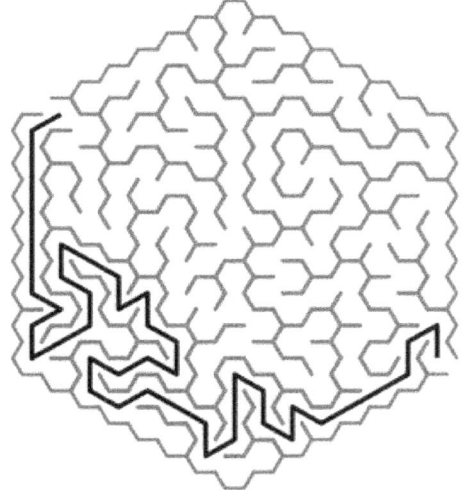

## Maze 80

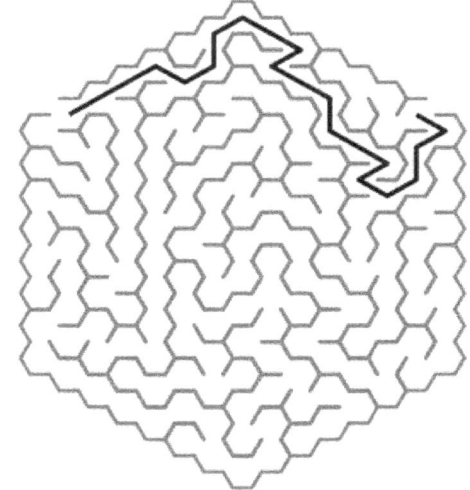

## Maze 81

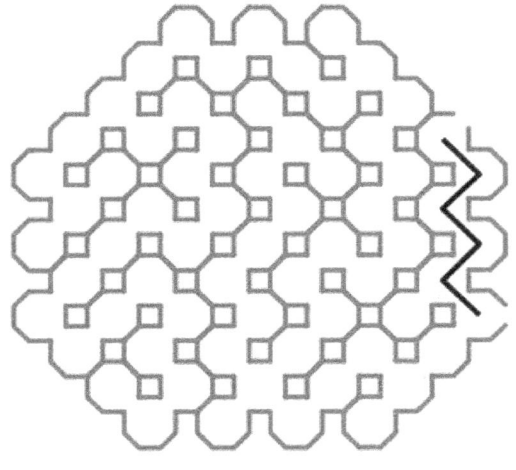

## Maze 82

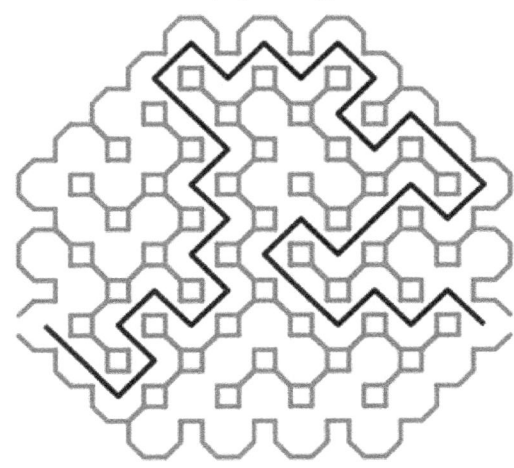

## Maze 83

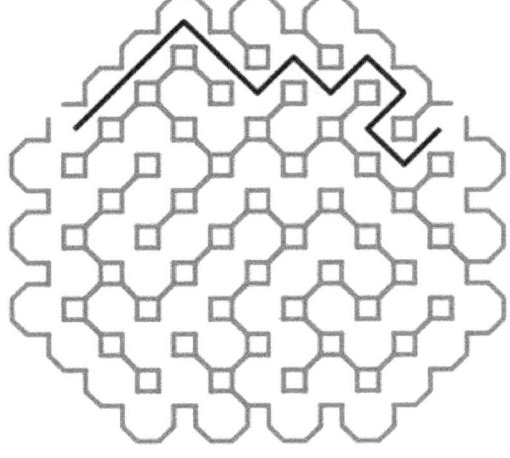

## Maze 84

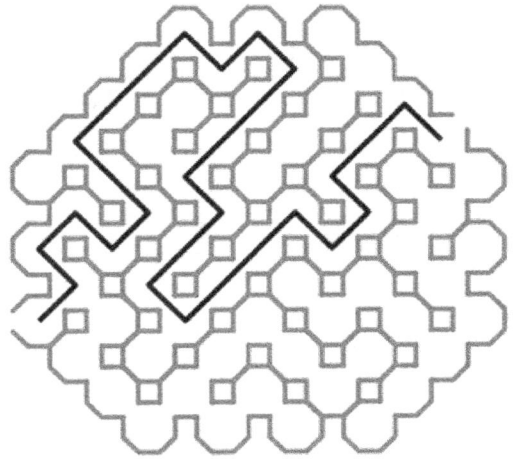

## Maze 85

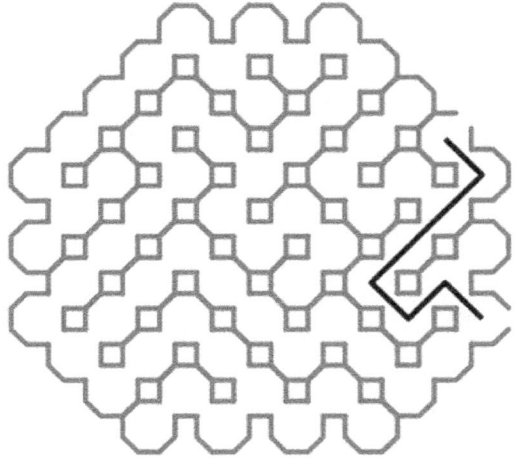

## Maze 86

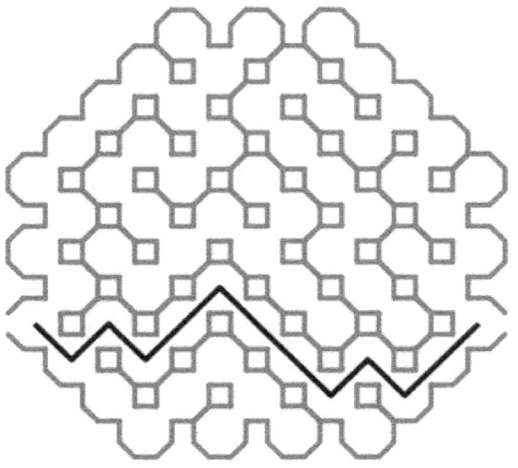

## Maze 87

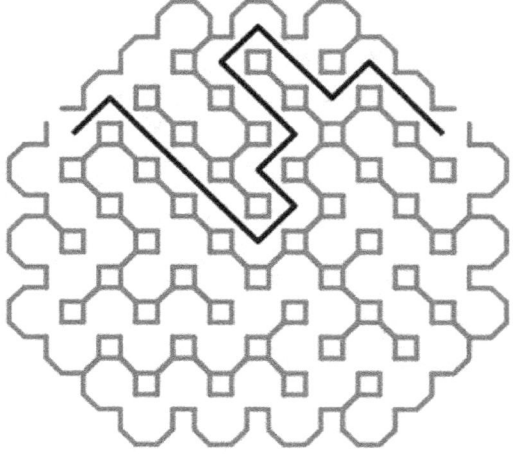

## Maze 88

## Maze 89

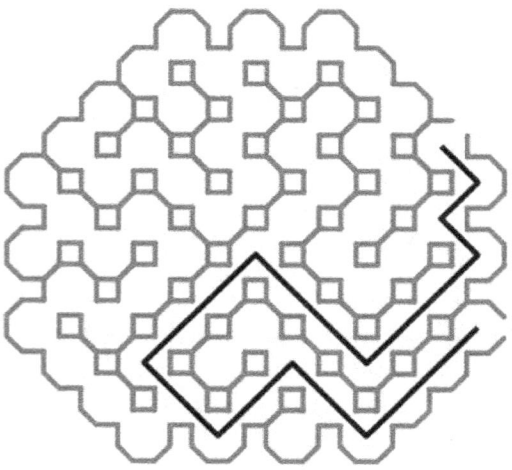

## Maze 90

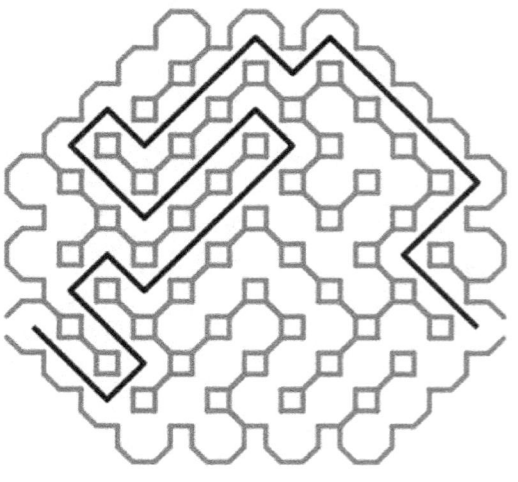

## Maze 91

## Maze 92

## Maze 93

## Maze 94

## Maze 95

## Maze 96

## Maze 97

## Maze 98

## Maze 99

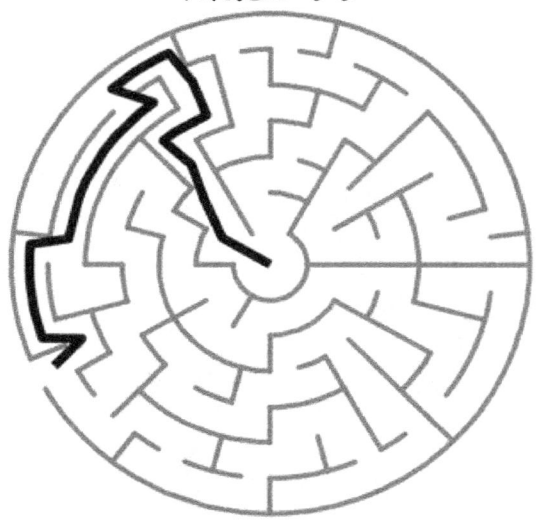

## Maze 100

## Maze 101

## Maze 102

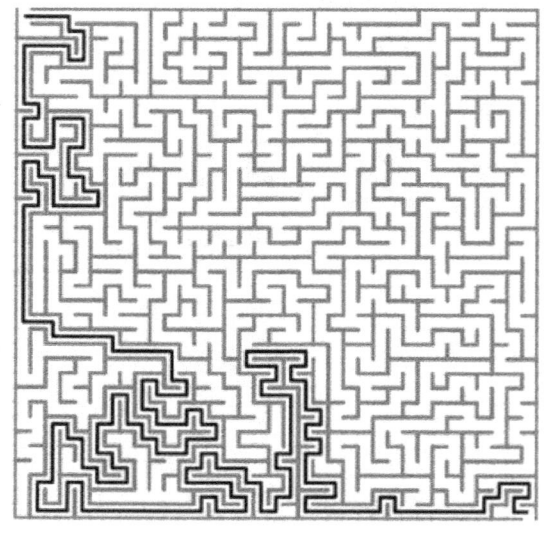

## Maze 103

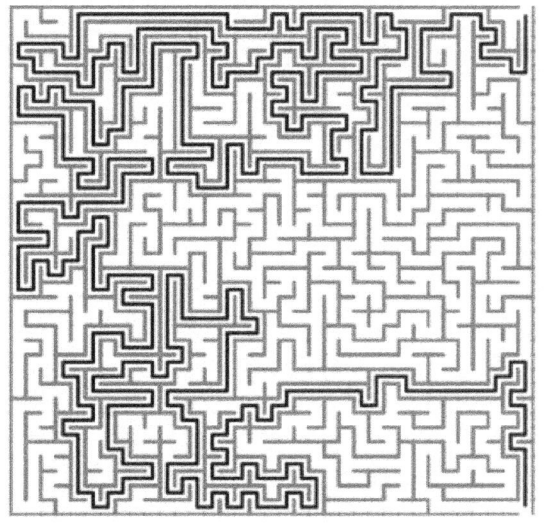

## Maze 104

## Maze 105

## Maze 106

## Maze 107

## Maze 108

**Maze 109**

**Maze 110**

**Maze 111**

**Maze 112**

**Maze 113**

**Maze 114**

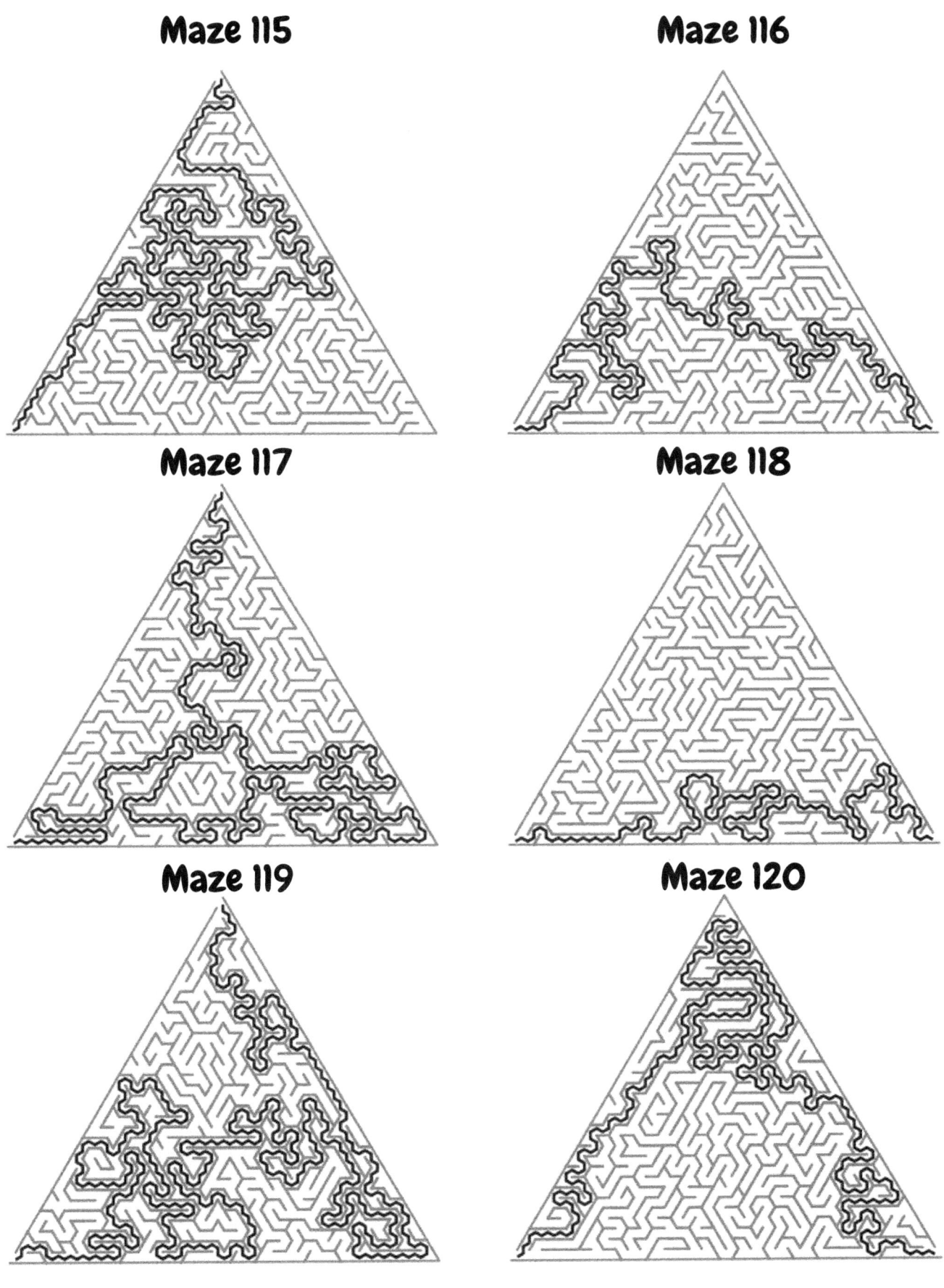

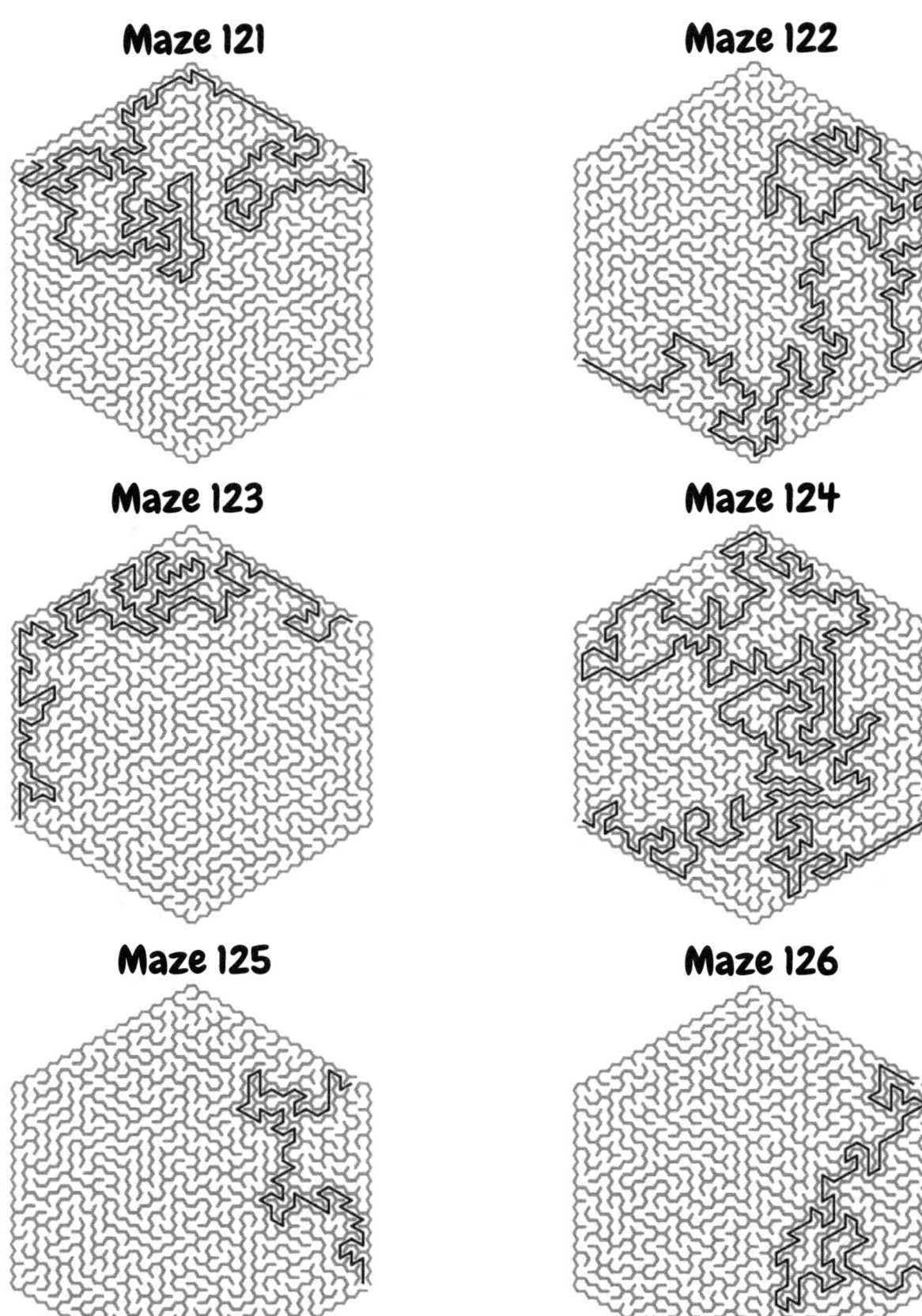

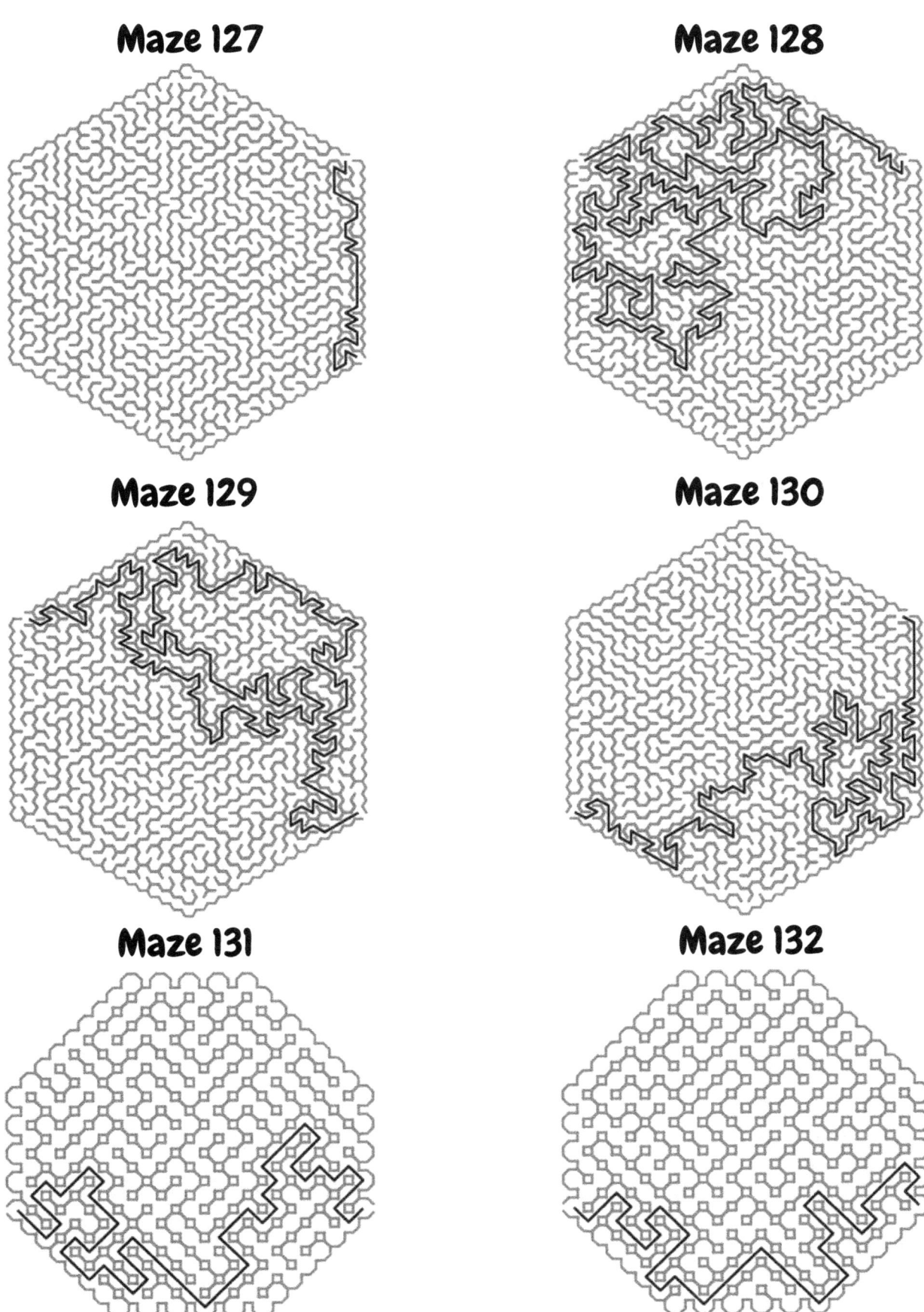

## Maze 133

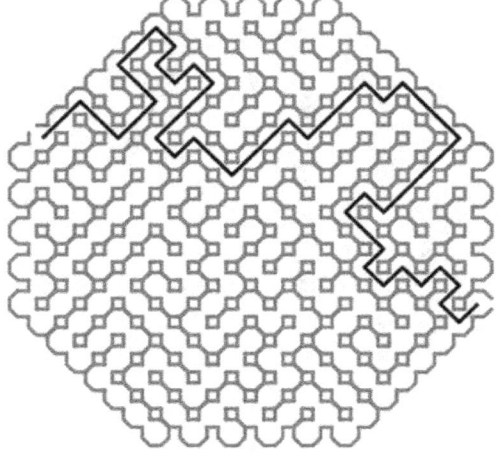

## Maze 134

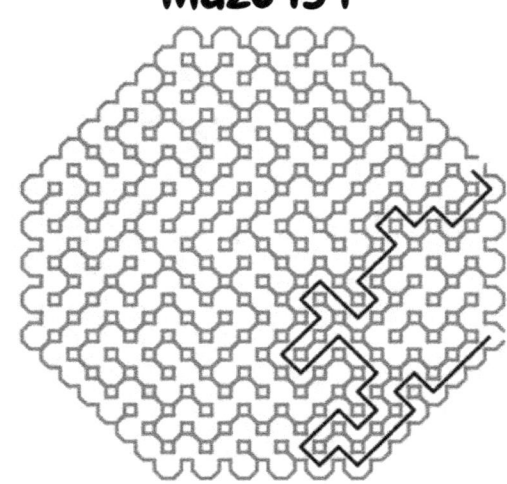

## Maze 135

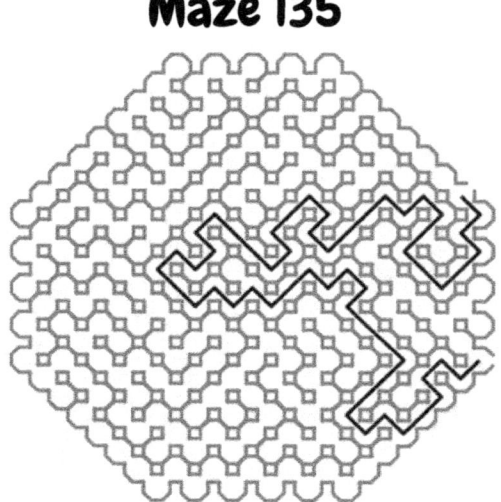

## Maze 136

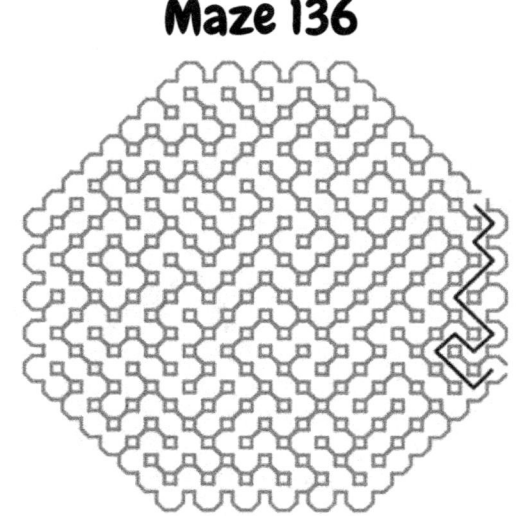

## Maze 137

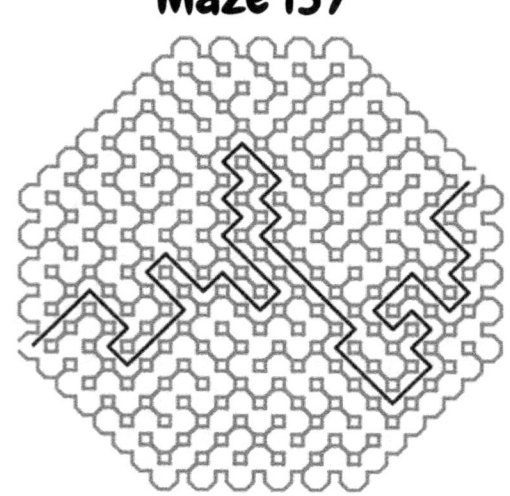

## Maze 138

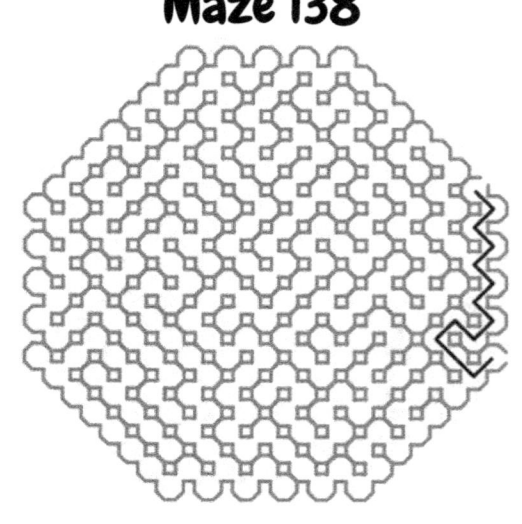

## Maze 139
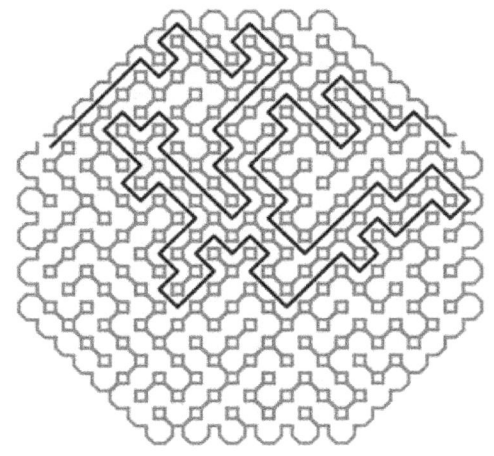

## Maze 140
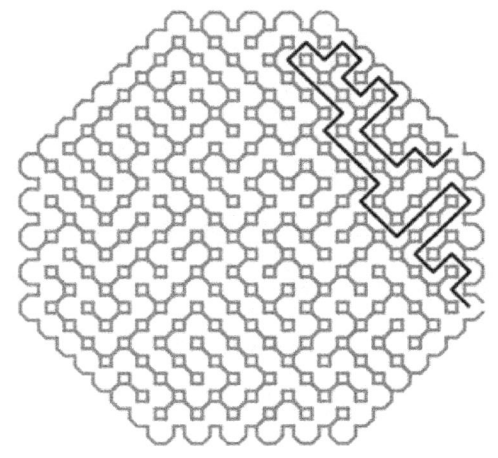

## Maze 141

## Maze 142

## Maze 143

## Maze 144

## Maze 145

## Maze 146

## Maze 147

## Maze 148

## Maze 149

## Maze 150

# Thank you!

I hope you enjoyed the Book! As a thank you for buying our book, a BONUS PDF ready to print with *100 Animal Coloring Pages* for the little ones is waiting for you on the link below. I hope you like them!

https://bit.ly/claim-BONUS-PDF

Also, we would love your Feedback! Your opinion is very important to us because it helps us grow and improve our work!
You can leave your Feedback to the following addresses:

contact.chaterinelambert@gmail.com

instagram.com/chaterine.lambert

Thank you so much, I really appreciate it!
Wish you wonderful days!

Gratefully,
Chaterine

www.ingramcontent.com/pod-product-compliance
Lightning Source LLC
LaVergne TN
LVHW060153080526
838202LV00052B/4144